Deutsch-tschechischer
Německo-český

A L M A N A C H

Deutsch-tschechischer
Německo-český

ALMANACH

Herausgegeben
von
Vydali

Peter Becher
und/a
Ivan Binar

1992

Impressum

Deutsch-tschechischer Almanach
Německo-český Almanach

Herausgegeben von Peter Becher und Ivan Binar
im Auftrag des Adalbert Stifter Vereins
Vydali Peter Becher a Ivan Binar
z pověření Spolku Adalberta Stiftera
8000 München 80, Hochstraße 8

Gesamtherstellung/Výroba:
Rieß-Druck und Verlag
Benediktbeuern 1992

ISBN-Nr./č.: 3-926303-26-3

INHALT OBSAH

INHALT   OBSAH

VORWORT

PŘEDMLUVA

Nach den politischen Veränderungen des Jahres 1989, an die kaum noch jemand zu glauben wagte, ist eine Woge der Begeisterung über die Mitte Europas hingegangen, die im Bereich der Kultur auf besondere Weise zu spüren war. Angefangen von spontanen Begegnungen und Einladungen über unzählige kulturelle Veranstaltungen bis hin zu großen Konzerten und Ausstellungen haben sich die Menschen diesseits und jenseits des ehemaligen eisernen Vorhanges wieder zusammengefunden.

Auch der Adalbert Stifter Verein, der sich als sudetendeutsches Kulturinstitut seit den 50er Jahren um die deutsche Kulturtradition Böhmens und um den deutsch-tschechischen Kulturaustausch bemüht, wurde von dieser Woge erfaßt. In der Bundesrepublik und in der Tschechoslowakei konnte er erstmals gemeinsam mit tschechischen Partnern Ausstellungen und Veranstaltungen durchführen. U.a. organisierte er im Herbst 1990 eine deutsch-tschechische Schriftstellerbegegnung, die eine symbolische Wanderung von München nach Prag darstellte. Wie viele andere Begegnungen, so war auch diese Wanderung von einer Atmosphäre der Erst- und Einmaligkeit geprägt, die Teilnehmer und Zuhörer gleichermaßen erfaßte und gefangenhielt.

Die Texte, die damals in München, Ellwangen, Regensburg, Sulzbach-Rosenberg, Karlsbad, Pilsen, Prag und Königgrätz gelesen wurden, bilden den Schwerpunkt des vorliegenden Almanachs. Nicht weil wir glauben, daß in

V důsledku politických změn roku 1989 — sotvakdo se odvážil pomyslet, že k nim vůbec dojde — zmocnila se střední Evropy vlna nadšení, obzvlášť pociťovaná v kulturní oblasti. Počínaje spontánně uskutečňovanými setkáními a pozváními přes nespočetné kulturní akce, až po velké koncerty a výstavy, znovu se nalezli lidé rozdělení dosud železnou oponou.

Touto vlnou byl zasažen také Spolek Adalberta Stiftera, sudetoněmecká kulturní instituce, která už od padesátých let pečuje o německou kulturní tradici Čech a o německo-českou kulturní výměnu. Spolek teď mohl poprvé pořádat jak ve Spolkové republice tak v Československu spolu s českými partnery výstavy a další kulturní akce. Mimo jiné organizoval také na podzim roku 1990 německo-české setkání spisovatelů, kteří se účastnili symbolického putování z Mnichova do Prahy. Jako mnoho jiných setkání i tato pouť byla poznamenána atmosférou novosti a jedinečnosti, jež uchvátila a zaujala jak účastníky, tak i jejich publikum.

Texty, které se tehdy četly v Mnichově, Ellwangen, v Řezně, Sulzbachu-Rosenbergu, v Karlových Varech, v Plzni, v Praze a v Hradci Králové, jsou těžištěm předkládaného Almanachu. Nikoli proto, že bychom nevěděli o čtení jiných (snad i lepších) textů v tom roce — třeba při jednáních Skupiny 47 na Dobříši — nýbrž proto, že věříme, že se tomuto setkání podařilo vzhledem k výběru autorů a míst, kde četli, německo-český dialog zvlášť dobře prezentovat.

diesem Jahr nicht auch andere (und vielleicht sogar bessere) Texte gelesen wurden — man denke nur an die Tagung der Gruppe '47 in Dobříš — sondern weil wir glauben, daß diese Begegnung sowohl im Hinblick auf die Zusammensetzung der Autoren, wie auch im Hinblick auf die Orte der Lesungen das Gelingen des deutsch-tschechischen Dialogs auf besondere Weise präsentiert.

Ergänzt wurden die Texte um eine knappe Chronik kultureller Begegnungen der Jahre 1990 und 1991 sowie um eine Aufstellung von tschechischen und deutschen Institutionen, die sich für den deutsch-tschechischen Kulturdialog engagieren.

Wir hoffen, dem Leser auf diese Weise ein kleines Nachschlagewerk in die Hand geben zu können, das ihm eine rasche Orientierung ermöglicht und zugleich einen Eindruck jener Atmosphäre vermittelt, welche die Menschen in den vergangenen zwei Jahren bewegt und nicht selten nachhaltig verändert hat.

Otto Herbert Hajek

Tyto texty jsou doplněny o malou kroniku kulturních setkání v letech 1990 a 1991 a o soupis českých a německých institucí, které se angažují v německo-českém kulturním dialogu.

Věříme, že se tímto dostává čtenáři do rukou drobná příručka, jež mu umožní orientaci a zároveň zprostředkuje atmosféru, která v uplynulých dvou letech uvedla lidi do pohybu a nezřídka je i trvale proměnila.

Otto Herbert Hajek

Chronik   1990   Kronika

Am Münchner Hauptbahnhof. V. l.: / Na mnichovském nádraží. Zleva:
Ota Filip, Jan Trefulka, Lenka Procházková, Ludvík Vaculík, Peter Becher, Marie Filip

26. 1. 90 - 28. 1. 90
Tschechische Autorengespräche
mit Ludvík Vaculík, Jan Trefulka und
Lenka Procházková
Moderation: Ota Filip und Franz Peter
Künzel
Sudetendeutsches Haus, München
Adalbert Stifter Verein

Januar 1990
Ausstellung
Oberpfälzische und böhmische Musik-
instrumente
Sparkasse, Furth i. W.
Stadt Furth i. W.

26. 1. 90 - 28. 1. 90
Rozhovor s českými autory
s Ludvíkem Vaculíkem, Janem Treful-
kou a Lenkou Procházkovou
Moderátor: Ota Filip a Franz Peter
Künzel
Spolek Adalberta Stiftera

Leden 1990
Výstava
Hornofalcké a české hudební nástroje
Spořitelna, Furt i. W.
Město Furt i. W.

24. 2. 90
Lesung
Erne Seder (Wien)
Saal der Nationalen Front, Brünn
Deutscher Kulturverband

10. 3. 90
Vortrag
Eduard Wondrak (Olmütz)
Ernst Weiß, Arzt und Schriftsteller
Saal der Nationalen Front, Brünn
Deutscher Kulturverband

Konzert
Eva Mateková und Jan Mikeš: Laute
und Gesang
Burg Falkenberg
Forum Falkenberg

15. 3. 90 - 26. 4. 90
Ausstellung
Oldřich Kulhánek
Rathaus Remscheid
VHS Remscheid / Deutsch-Tschecho-
slowakische Gesellschaft

24. 3. 90
Reden über die Mitte Europas IV
mit Peter Brod (Prag), Editha Koch
(Frankfurt a. M.), Jiří Kosta (Frankfurt a.
M.) und Vladimír Lipscher (Zürich)
Sudetendeutsches Haus, München
Adalbert Stifter Verein / Ackermann-
Gemeinde

30. 3. 90 - 15. 5. 90
Ausstellung
Leo Perutz 1882-1957
Sudetendeutsches Haus, München
Deutsche Bibliothek Frankfurt a. M. /
Adalbert Stifter Verein

19. 4. 90 - 23. 4. 90
Ausstellung
Zeitgenössische Künstler aus Prag
mit Karel Demel, James Janíček,

24. 2. 90
Autorské čtení
Erne Seder (Vídeň)
Sál Národní fronty, Brno
Německý kulturní svaz

10. 3. 90
Přednáška
Eduard Wondrak (Olomouc)
Ernst Weiss, lékař a spisovatel
Sál Národní fronty, Brno
Německý kulturní svaz

Koncert
Eva Mateková a Jan Mikeš: Zvuky a
zpěv Hrad Falkenberg
Fórum Falkenberg

15. 3. 90 - 26. 4. 90
Výstava
Oldřich Kulhánek
Radnice Remscheid
VHS Remscheid / Německo-českoslo-
venská společnost

24. 3. 90
Rozhovory o středu Evropy IV
s Petrem Brodem (Praha), Edithou
Kochovou (Frankfurt n. M.), s Jiřím
Kostou (Frankfurt n. M.) a Vladimírem
Lipscherem (Curych)
Sudetoněmecký dům, Mnichov
Spolek Adalberta Stiftera / Ackerman-
nova obec

30. 3. 90 - 15. 5. 90
Výstava
Leo Perutz 1882-1957
Sudetoněmecký dům, Mnichov
Německá knihovna ve Frankfurtu n. M.
/ Spolek Adalberta Stiftera

19. 4. 90 - 23. 4. 90
Výstava
Soudobí umělci z Prahy
Karel Demel, James Janíček, Oldřich

Bayern liest
grenzenlos

1. Internationale Frühjahrsbuchwoche
in Bayern 5.–13. Mai 1990

mit Autoren aus Albanien, Bulgarien,
Jugoslawien, Polen, Rumänien,
der Sowjetunion, der Tschechoslowakei,
Ungarn und Deutschland

Programm

Oldřich Kulhánek, Petr Oriešek, Jaroslav Šerých und Vladimír Suchánek
Südwestfälische Industrie- und Handelskammer, Hagen
SIHK / Deutsch-Tschechoslowakische Gesellschaft

24. 4. 90
Vortrag
Ulrich Steltner: Literatur aus der ČSSR
Stadtbücherei, Selb

29. 4. 90 - 17. 6. 90
Ausstellung
Inoffiziell — Kunst der ČSSR 68-89
Museum der Stadt Regensburg

Ausstellung
ČSSR 68-69 Fotografien von Jaroslav Krejcí
Museum der Stadt Regensburg

4. 5. 90 - 29. 7. 90
Ausstellung
Die Manderscheider
Blankenheim/Eifel
Deutsch-Tschechoslowakische Gesellschaft / Landesverband Rheinland / Landesarchivverwaltung Rheinland-Pfalz

5. 5. 90 - 13. 5. 90
Bayern liest grenzenlos
1. Internationale Frühjahrsbuchwoche in Bayern
mit Autoren aus Albanien, Bulgarien, Jugoslawien, Polen, Rumänien, der Sowjetunion, der Tschechoslowakei, Ungarn und Deutschland
Bayern liest e.V., München

6. 5. 90 - 13. 5. 90
6. literární weidenské dny
„Fantaskní literatura — cesta ze skutečnosti?"

Kulhánek, Petr Oriešek, Jaroslav Šerých a Vladimir Suchánek
Jihovestfálská průmyslová a obchodní komora, Hagen
SIHK / Německo-československá společnost

24. 4. 90
Přednáška
Ulrich Steltner: Literatura z ČSSR
Státní knihovna, Selb

29. 4. 90 - 17. 6. 90
Výstava
Neoficiální umění z ČSSR 68-69
Muzeum města Řezna

Výstava
ČSSR 68-69. Fotografie Jaroslava Krejčího
Muzeum města Řezna

4. 5. 90 - 29. 7. 90
Výstava
Manderscheiderští
Blankenheim/Eifel
Německo-československá společnost / Krajanský svaz Porýní / Správa zemského archivu Rýnská Falc

5. 5. 90 - 13. 5. 90
Bavorsko čte bez hranic
1. Mezinárodní jarní týden knihy v Bavorsku
s autory z Albánie, Bulharska, Jugoslávie, Polska, Rumunska, Sovětského svazu, Československa, Maďarska a Německa
Bayern liest e.V., Mnichov

6. 5. 90 - 13. 5. 90
6. literární Weidenské dny
„Fantaskní literatura — cesta ze skutečnosti?"

Weidener Literaturtage 1990. V. l.: / Weidenské Literární dny 1990. Zleva:
Ljuben Dilov, Josef Nesvadba, Ondřej Neff

mit Josef Nesvadba, Ondřej Neff u. a.
Kulturhaus Weiden
**Kultur- und Fremdenverkehrsamt
Weiden**

8. 5. 90
Lesung
Ivan Klíma
Stadtbücherei, Selb

8. 5. 90
Vortrag
Stefan Winter: Die Literatur der ČSSR
nach dem „Prager Frühling". Zwischen
Resignation und aufkeimender Hoff-
nung
Gasteig Kulturzentrum München

9. 5. 90
Lesung
Milan Uhde
Cordonhaus, Cham
Robert-Schumann-Gymnasium

s Josefem Nesvadbou, Ondřejem
Neffem aj.
Kulturní dům Weiden
**Úřad pro kulturu a cizinecký ruch ve
Weidenu**

8. 5. 90
Autorské čtení
Ivan Klíma
Státní knihovna, Selb

8. 5. 90
Přednáška
Stefan Winter: Literatura ČSSR po
„Pražském jaru".
Mezi rezignací a klíčící nadějí
Gasteig — Kulturní centrum Mnichov

9. 5. 90
Autorské čtení
Milan Uhde
Cordonhaus, Cham
Gymnazium Roberta Schumanna

13

10. 5. 90
Podiumsdiskussion
Wohin entwickelt sich Europa in den
90er Jahren?
Mit Herta Müller, Eda Kriseová,
Wladyslaw Baroszewski,
Francois Bondy.
Moderation: Johano Strasser
Lenbachhaus, München
Kulturreferat

10. 5. 90 - 5. 6. 90
Ausstellung
Josef Liesler (Prag)
Hotel Elysee, Hamburg
Deutsch-Tschechische Gesellschaft

11. 5. 90
Lesung
Milan Uhde
Haus der Kirche, München
Evangelisches Forum

12. 5. 90
Lesung
Milan Uhde
Sudetendeutsches Haus, München
Adalbert Stifter Verein

Konzert
Waldchorgruppe der Volkskunstschule
Klattau
Aula der Konrad-Adenauer-Realschule
Roding
Musikverein Roding

15. 5. 90
Vortrag
Dora Müller: Deutsche und österreichi-
sche Schriftsteller im Brünner Exil
Germanistisches Institut der Masaryk
Universität, Brünn
**Deutscher Kulturverband / Germanisti-
sches Institut**

10. 5. 90
Pódiová diskuse
Kam se vyvíjí Evropa v 90. letech?
S Hertou Müloerovou, Edou Kriseovou,
Wladyslavem Baroszewskim a Fran-
coisem Bondym. Moderátor: Johano
Strasser
Lenbachhaus, Mnichov
Odbor kultury

10. 5. 90 - 5. 6. 90
Výstava
Josef Liesler (Praha)
Hotel Elysee, Hamburg
Německo-československá společnost

11. 5. 90
Autorské čtení
Milan Uhde
Církevní dům, Mnichov
Evangelické fórum

12. 5. 90
Autorské čtení
Milan Uhde
Sudetoněmecký dům, Mnichov
Spolek Adalberta Stiftera

Koncert
Soubor lesních rohů z Lidové školy
umění v Klatovech
Aula Reálného gymnázia Konráda
Adenauera v Rodingu
Hudební spolek Roding

15. 5. 90
Přednáška
Dora Müllerová: Němečtí a rakouští
spisovatelé v brněnském exilu
Institut germanistiky Masarykovy uni-
versity, Brno
**Německé kulturní svaz / Institut ger-
manistiky**

Prag, im Klementinum. V. l.: / Praha, v Klementinu. Zleva:
Ferdinand Seibt, Karel Mařík, Hermann Huber

21. 5. 90 - 15. 6. 90
Ausstellung
Publikationen des
Collegium Carolinum (München)
Nationalbibliothek, Prag
Collegium Carolinum /
Historisches Institut der Tschecho-
slowakischen Akademie der Wissen-
schaften

22. 5. 90
Vortragsreihe
mit Eva Hartmann, Peter Heumos,
Robert Luft, Ferdinand Seibt
Über die Forschungstätigkeit des Colle-
gium Carolinum (München)
Nationalbibliothek Prag
Historisches Institut der Tschecho-
slowakischen Akademie der Wissen-
schaften

21. 5. 90 - 15. 6. 90
Výstava
Publikace Collegia Carolina (Mnichov)
Národní knihovna, Praha
Collegium Carolinum /
Historický ústav Československé aka-
demie věd

22. 5. 90
Cyklus přednášek
za účasti Evy Hartmannové, Petra Heu-
mose, Roberta Lufta, Ferdinanda Seibta
O výzkumné činnosti Collegia Carolina
(Mnichov)
Národní knihovna Praha
Historický ústav Československé aka-
demie věd

24. 5. 90
Diskussion
Begegnung mit Will Schaber (New York)
Germanistisches Institut der Masaryk-
Universität, Brünn
**Deutscher Kulturverband / Germanisti-
sche Fakultät**

25. 5. 90
Konzert
Jugendblasorchester Klattau
Konzertsaal Wünschendorf
Jugendorchester Wünschendorf

25. 5. 90 - 27. 5. 90
Tagung der Gruppe 47
mit Hans Werner Richter, Günter Grass,
Walter Höllerer, Barbara König, Helga
M. Novak, Hans Joachim Schädlich,
Libuše Moníková, Ludvík Vaculík u. a.
Schloß Dobříš/Prag
**Tschechischer PEN-Klub /
Deutscher PEN-Club**

27. 5. 90 - 15. 6. 90
Ausstellung
Offener Dialog
mit Künstlern aus Mähren
Künstlerforum Bonn

4. 6. 90 - 22. 6. 90
Ausstellung
Bildende Arbeiten der LŠU Klattau
und der Konrad-Adenauer-Realschule
Roding
Haus Nr. 1, Klattau
**Volkskunstschule / Kreiskulturzentrum
Klattau**

14. 6. 90 - 6. 12. 90
Ausstellung
Drehscheibe Prag.
Deutsche Emigranten 1933-39
Museum der Hauptstadt Prag
**Adalbert Stifter Verein /
Friedrich-Ebert-Stiftung**

24. 5. 90
Diskuse
Setkání s Willy Schaberem (New York)
Institut germansitiky Masarykovy uni-
versity, Brno
**Německé kulturní sdružení / Fakulta
germanistiky**

25. 5. 90
Koncert
Mládežnický orchestr dechových ná-
strojů Klatovy
Koncertní Wünschendorf
Mládežnický orchestr Wünschendorf

25. 5. 90 - 27. 5. 90
Zasedání Skupiny 47
za účasti Hanse Wernera Richtera,
Güntera Grasse, Waltera Höllerera,
Barbary Königové, Helgy M. Novakové,
Hanse Joachima Schädlicha, Libuše
Moníkové, Ludvíka Vaculíka aj.
Zámek Dobříš / Praha
Český PEN-klub / Německý PEN-klub

27. 5. 90 - 15. 6. 90
Výstava
Otevřený dialog
s moravskými umělci
Umělecké fórum Bonn

4. 6. 90 - 22. 6. 90
Výstava
Výtvarné práce LŠU Klatovy a Reálného
gymnázia Konráda Adenauera Roding
Dům č. 1, Klatovy
**Lidová škola umění / Okresní kulturní
středisko Klatovy**

14. 6. 90 - 6. 12. 90
Výstava
Přestupní stanice Praha.
Němečtí emigranti 1933-39
Muzeum hlavního města Prahy
**Spolek Adalberta Stiftera /
Nadace Friedricha Eberta**

In Dobříš / Na Dobříši: Günter Grass, Hans Werner Richter

22. 6. 90 - 24. 6. 90
Altstadtfest 1990
Volkstanzgruppe
der Musikschule Tachau
Altstadt Regensburg
Kulturamt Regensburg /
Sing- und Musikschule Regensburg

11. 7. 90
Konzert
Prager Blechbläser-Solisten
Dom St. Peter, Regensburg
Bischöfliches Domkapitel /
Kulturamt Regensburg

11. 7. 90 - 17. 7. 90
Konzertreihe
Bohuslav-Martinu-Woche
Konstanz am Bodensee
Deutsch-Tschechoslowakische Gesell-
schaft / Stadt Konstanz

13. 7. 90 - 17. 7. 90
Begegnung und Konzert
Blasmusikensemble der Jugend aus
Jablonec
Neugablonz/Kaufbeuren
Musikvereinigung Neugablonz

14. 7. 90
Konzert
Symphonieorchester der Volkskunst-
schule Klattau
Sparkassensaal Cham
Kulturverein Bayerischer Wald E. U.

19. 7. 90 - 21. 7. 90
Begegnung und Konzert
Musikvereinigung Neugablonz
Jablonec
Kultur- und Gesellschaftszentrum
Jablonec

9. 8. 90 - 19. 8. 90
Ausstellung

22. 6. 90 - 24. 6. 90
Staroměstská slavnost 1990
Lidový taneční soubor hudební školy
z Tachova
Staré město Řezno
Odbor kultury Řezno /
Pěvecká a hudební škola Řezno

11. 7. 90
Koncert
Sólisti Orchestru pražských dechových
nástrojů
Chrám Sv. Petra, Řezno
Biskupská chrámová kapitula /
Odbor kultury Řezno

11. 7. 90 - 17. 7. 90
Cyklus koncertů
Týden Bohuslava Martinů
Kostnice na Bodamském jezeře
Německo-československá společnost /
Město Kostnice

13. 7. 90 - 17. 7. 90
Setkání a koncert
Soubor dechových nástrojů mládeže
z Jablonce
Nový Jablonec / Kaufbeuren
Hudební sdružení Nový Jablonec

14. 7. 90
Koncert
Symfonický orchestr Lidové školy umě-
ní v Klatovech
Sál spořitelny Cham
Kulturní sdružení Bavorského lesa E. U.

19. 7. 90 - 21. 7. 90
Setkání a koncert
Hudební sdružení Nový Jablonec
Jablonec
Kulturní a společenské centrum
v Jablonci

9. 8. 90 - 19. 8. 90
Výstava

Bei der Eröffnung der Ausstellung „Drehscheibe Prag" in Prag. V. l.: / Při zahájení výstavy „Přestupní stanice Praha" v Praze. Zleva: Otto Herbert Hajek, Jaroslav Kořán, Zdeněk Míka

Städteansichten von Taus
Altes Rathaus, Furth i. W.
Stadt Furth i. W.

Pohlednice z Domažlic
Stará radnice, Furth i. W.
Město Furth i. W.

18. 8. 90
Informationsveranstaltung
Bayreuth und Richard Wagner
Prag
Prager Informationsdienst (PIS)

18. 8. 90
Informační program
Bayreuth a Richard Wagner
Praha
Pražská informační služba (PIS)

6. 9. 90
Vortrag
Franz-Peter Künzel (München):
Deutsch-tschechische Literatur-
beziehungen nach 1945
Haus des Deutschen Ostens, Düsseldorf
HDO / SL Nordrhein-Westfalen

6. 9. 90
Přednáška
Franz-Peter Künzel (Mnichov):
Německo-české literární vztahy po roce
1945
Dům Německého Východu/Düsseldorf
HDO / SL Severní Porýní-Vestfálsko

8. 9. 90 - 16. 9. 90
Deutsch-Tschechische Schriftsteller-
begegnung
mit Ivan Binar, Václav Dušek, Ota Filip,

8. 9. 90 - 16. 9. 90
Německo-české setkání spisovatelů
za účasti Ivana Binara, Václava Duška,

19

Ursula Haas, Gert Heidenreich, Gerd Holzheimer, Josef Hrubý, Michaela Jacobsenová, Alexandr Kliment, Barbara König, Franz Peter Künzel, Rudolf Mayer-Freiwaldau, Petr Němec, Josef Nesvadba, Petr Prouza, Jaroslav Putík, Jan Trefulka, Zdeněk Zapletal und Peter Becher
München, Ellwangen, Regensburg, Sulzbach-Rosenberg, Burg Falkenberg, Karlsbad, Pilsen, Prag, Königgrätz
Adalbert Stifter Verein / Goethe-Institut / Tschechischer PEN-Klub, tschechischer Literaturfonds

8. 9. 90 - 20. 9. 90
Ausstellung
Künstler des Chodenlandes 1880-1940
Altes Rathaus, Furth i. W.
Stadt Furth i. W. / Chodenmuseum Taus

22. 9. 90
Theater
Tyl-Theater Pilsen
Jan Kopecký: Komedie o Anežce
Gasteig Kulturzentrum, München

29. 9. 90
Konzert
Jugendblasorchester Klattau
Konzerthalle Zwiesel
Stadtverwaltung Zwiesel

2. 10. 90
Vortrag
Gerhard Konow (Düsseldorf): Hochschul- und Forschungsorganisation in der BRD und die Perspektiven der europäischen Hochschul- und Forschungszusammenarbeit
Technische Hochschule, Kaschau
Deutsch-Tschechoslowakische Gesellschaft / Technische Hochschule Kaschau

Oty Filipa, Ursuly Haasové, Gerta Heidenreicha, Gerda Holzheimera, Josefa Hrubého, Michaely Jacobsenové, Alexandra Klimenta, Barbary Königové, Franze Petera Künzela, Rudolfa Mayera-Freiwaldaua, Petra Němce, Josefa Nesvadby, Petra Prouzy, Jaroslava Putíka, Jana Trefulky, Zdeňka Zapletala a Petra Bechera.
Mnichov, Ellwangen, Řezno, Sulzbach-Rosenberg, hrad Falkenberg, Karlovy Vary, Plzeň, Praha, Hradec Králové
Spolek Adalberta Stiftera / Goethe-Institut / Český PEN-klub / Český literární fond

8. 9. 90 - 20. 9. 90
Výstava
Umělci Chodska v letech 1880-1940
Stará radnice, Furth i. W.
Město Furth i. W. / Chodské muzeum Domažlice

22. 9. 90
Divadlo
Tylovo divadlo Plzeň
Jan Kopecký: Komedie o Anežce
Kulturní centrum Gasteig, Mnichov

29. 9. 90
Koncert
Mládežnický dechový orchestr, Klatovy
Koncertní sál Zwiesel
Městská správa Zwiesel

2. 10. 90
Přednáška
Gerhard Konow (Düsseldorf): Vysokoškolské a výzkumné organizace v SRN a perspektivy vysokoškolské a výzkumné spolupráce v Evropě
Technická vysoká škola, Košice
Německo-československá společnost / Technická vysoká škola Košice

Denkmalpflege: Wiederherstellung des Friedhofs von Glöckelberg /
Ochrana památek: Znovuobnovení hřbitova ve Zvonkově

10. / 11. 10. 90
Vortragsreihe
mit Eva Hartmann, Peter Heumos,
Robert Luft, Ferdinand Seibt
Über die Forschungstätigkeit des Colle-
gium Carolinum (München)
Akademie der Wissenschaften, Brünn

12. 10. 90 - 14. 10. 90
Fachkongreß
Denkmalpflege in den Sudetengebieten
mit Referenten aus der BRD und der
ČSFR
Furth im Wald
Sudetendeutsche Landsmannschaft

13. 10. 90
Informationsveranstaltung
Regensburg · und die böhmische Ge-
schichte
Prag
Prager Informationsdienst (PIS)

10. 10. 90 - 11. 10. 90
Cyklus přednášek
za účasti Evy Hartmannové, Petera
Heumose, Roberta Lufta, Ferdinanda
Seibta
O výzkumné činnosti Collegia Carolina
(Mnichov)
Akademie věd, Brno

12. 10. 90 - 14. 10. 90
Odborný kongres
Ochrana památek v oblasti Sudet
— referenti z SRN a ČSFR
Furth im Wald
Sudetoněmecké krajanské sdružení

13. 10. 90
Informační program
Řezno a české dějiny
Praha
Pražská informační služba (PIS)

21

23. 10. 90
Vortrag
Pavel Preiss (Prag): Stil und Ikonographie des Habsburgischen Saales im Sternbergschen Lustschloß Troja bei Prag
Diözesanzentrum, Regensburg
Katholisches Bildungswerk, Regensburg

25. 10. 90 - 28. 10. 90
Kolloquium
Begegnungen in der Mitte Europas
Kulturpolitische Perspektiven der 90er Jahre
mit Vertretern des Prager Bürgerforums, der Prager Karlsuniversität, des Collegium Carolinum, der Deutsch-Tschechoslowakischen Gesellschaft, des Goethe-Instituts und der Sudetendeutschen Landsmannschaft
Dollingersaal, Regensburg
Adalbert Stifter Verein

27. 10. 90
Konzert
Kinder-Dudelsackgruppe Tachau und Volksmusikgruppe der Sing- und Musikschule Regensburg
Konzertsaal der Musikschule Tachau
Musikschule Tachau

27. 10. 90 - 28. 10. 90
Bigband-Workshop und Konzert
Blasorchester der Musikschule Tachau und Bigband der Sing- und Musikschule Regensburg
Konzertsaal der Musikschule Tachau
Musikschule Tachau

28. 10. 90
Konzert
Symphonieorchester der Volkskunstschule Klattau
Klosterkirche Reichenbach
Musikverein Roding

23. 10. 90
Přednáška
Pavel Preiss (Praha): Styl a ikonografie Habsburského sálu v Šternberském letohrádku v Troji u Prahy
Diecézní středisko, Řezno
Katolické vzdělávací dílo, Řezno

25. 10. 90 - 28. 10. 90
Kolokvium
Setkání v středu Evropy
Kulturně-politické perspektivy 90. let se zástupci pražského občanského fóra, pražské University Karlovy, Collegia Carolina, Německo-československé společnosti, Goethe-institutu a Sudetoněmeckého krajanského sdružení
Dollingerův sál, Řezno
Spolek Adalberta Stiftera

27. 10. 90
Koncert
Dětská dudácká skupina Tachov a skupina lidové hudby Pěvecké a hudební školy v Řeznu
Koncertní sál hudební školy Tachov
Hudební škola Tachov

27. 10. 90 - 28. 10. 90
Bigband-Workshop a koncert
Dechový orchestr Hudební školy Tachov a bigband Pěvecké a hudební školy Řezno
Hudební škola Řezno
Koncertní sál hudební školy Tachov
Hudební škola Tachov

28. 10. 90
Koncert
Symfonický orchestr Lidové školy umění Klatovy
Klášterní kostel Reichenbach
Hudební spolek Roding

Konzert
Bigband und Volksmusikgruppe der
Musikschule Regensburg
Konstantinbad
Musikschule Tachau

3. 11. 90
Vortragsreihe
mit Eva Dittertova, Wolf-Dieter Hamperl, Jaromir Bohac
Dominikanerkloster, Eger
Arbeitskreis Egerländer Kulturschaffender

Konzert
Südwestdeutsches Kammerorchester, Pforzheim
Stadttheater, Eger
Haus des Deutschen Ostens, München / Stadt Marktredwitz

7. 11. 90 - 2. 12. 90
Ausstellung
Tschechische Künstler stellen aus
mit Petr Baran, Josef Hyzler und Jan Šimek
Altes Rathaus, Furth i. W.
Stadt Furth i. W.

9. 11. 90 - 18. 11. 90
Slowakische Woche
Begegnungen — Nachbarn in Europa
Regensburg
Kulturamt Regensburg / Arbeitskreis Film e.V. / Jazzclub Regensburg e.V.

10. 11. 90
Vortrag
Stanislav Burachovič (Karlsbad): Als die Deutschen gingen — Notizen zur Vertreibung der Deutschen aus dem westlichen Erzgebirge
Bad Sooden — Allendorf
Sudetendeutsches Archiv

Koncert
Bigband a skupina lidové hudby Hudební školy Řezno
Konstantinovy Lázně
Hudební škola Tachov

3. 11. 90
Cyklus přednášek
za účasti Evy Dittertové, Wolfa-Dietera Hamperla a Jaromíra Boháče
Dominikánský klášter v Chebu
Kruh chebských kulturních pracovníků

Koncert
Komorní orchestr jihozápadního Německa, Pforzheim
Městské divadlo, Cheb
Dům Německého Východu, Mnichov / Město Marktredwitz

7. 11. 90 - 2. 12. 90
Výstava
Čeští umělci vystavují
Petr Baran, Josef Hyzler a Jan Šimek
Stará radnice, Furth i. W.
Město Furth i. W.

9. 11. 90 - 18. 11. 90
Slovenský týden
Setkání — soused v Evropě
Řezno
Odbor kultury Řezno / pracovní skupina Film e.V. / Jazzclub Regensburg e.V.

10. 11. 90
Přednáška
Stanislav Burachovič (Karlovy Vary):
Když Němci odcházeli —
Poznámky k vyhnání Němců ze západního Krušnohoří
Bad Sooden-Allendorf
Sudetoněmecký archiv

12. 11. 90
Vortrag
František Kafka (Prag): Franz Werfels
Drama „Das Reich Gottes in Böhmen"
Sudetendeutsches Haus, München
Adalbert Stifter Verein

12. 11. 90 - 16. 12. 90
Ausstellung
Franz Werfel zwischen Prag und Wien
Sudetendeutsches Haus, München
Adalbert Stifter Verein

16. 11. 90 - 17. 11. 90
Tagung
Grenzüberschreitende Kultur- und Hei-
matpflege mit Teilnehmern aus Bayern
und der ČSFR
Amberg
Bezirk Oberpfalz/Egerländer Gmoin

16. 11. 90 - 15. 1. 91
Ausstellung
Bauernschmuck aus dem Egerland
Stadtmuseum Amberg
Konföderation Egerländer Museen

17. 11. 90
Informationsveranstaltung
Passau / Linz und die böhmische Ge-
schichte
Prag
Prager Informationsdienst (PIS)

20. 11. 90 - 14. 12. 90
Ausstellung
Franz Werfel
Universitätsbibliothek Wuppertal
**Forschungsstelle für Prager deutsche
Literatur / Dokumentationsstelle für
neuere österreichische Literatur, Wien**

21. 11. 90
Konzert
Musikverein Roding
Theater Klattau
Volkskunstschule Klattau

12. 11. 90
Přednáška
František Kafka (Praha): Drama Franze
Werfla „Království boží v Čechách"
Sudetoněmecký dům, Mnichov
Spolek Adalberta Stiftera

12. 11. 90 - 16. 12. 90
Výstava
Franz Werfel mezi Prahou a Vídní
Sudetoněmecký dům, Mnichov
Spolek Adalberta Stiftera

16. 11. 90 - 17. 11. 90
Zasedání
Kultura a péče o vlast překračující
hranice
účastníci z Bavorska a ČSFR
Amberg
Kraj Horní Falc / Egerländer Gmoin

16. 11. 90 - 15. 1. 91
Výstava
Selské ozdoby z Chebska
Městské muzeum Amberg
Konfederace muzejí Chebska

17. 11. 90
Informační program
Pasov / Linec a české dějiny
Praha
Pražská informační služba (PIS)

20. 11. 90 - 14. 12. 90
Výstava
Franz Werfel
Universitní knihovna Wuppertal
**Výzkumné středisko pro pražskou
německou literaturu / Dokumentační
středisko pro novější rakouskou litera-
turu, Vídeň**

21. 11. 90
Koncert
Hudební spolek Roding
Divadlo Klatovy
Lidová škola umění Klatovy

23. 11. 90 - 24. 11. 90
Forschungskonferenz
Internationale Koordinierung der Forschung zu den böhmischen Ländern und zur Tschechoslowakei
Bad Wiessee
Collegium Carolinum

30. 11. 90 - 1. 12. 90
Jahrestagung
1848 — Revolutionen in Ostmitteleuropa
Bad Wiessee
Collegium Carolinum

30. 11. 90 - 16. 12. 90
Ausstellung
Bayerische und Böhmische Weihnachtskrippen
Museum Taus
Stadt Furth i. W. / Stadt Taus

6. 12. 90 - 7. 12. 90
Symposium
Regio Egrensis
Egerland Kulturhaus Marktredwitz
InterReg

7. 12. 90 - 9. 12. 90
Kulturseminar über Südböhmen
mit Referenten aus Bayern und der ČSFR
Böhmisch Krumau
Heimatkundlicher Verein für Südböhmen / Haus des Deutschen Ostens, München

8. 12. 90
Informationsveranstaltung
Nürnberg und die böhmische Geschichte
Prag
Prager Informationsveranstaltung (PIS)

23. 11. 90 - 24. 11. 90
Vědecká konference
Mezinárodní koordinace výzkumu českých zemí a Československa
Bad Wiessee
Collegium Carolinum

30. 11. 90 - 16. 12. 90
Výroční zasedání
1848 — Revoluce ve střední a východní Evropě
Bad Wiessee
Collegium Carolinum

30. 11. 90 - 16. 12. 90
Výstava
Bavorské a české jesličky
Muzeum Domažlice
Město Furth i. W. / Město Domažlice

6. 12. 90 - 7. 12. 90
Sympozium
Regio Egrensis
Kulturní dům Chebska v Marktredwitz
InterReg

7. 12. 90 - 9. 12. 90
Seminář o jižních Čechách
za účasti referentů z Bavorska a ČSFR
Český Krumlov
Jihočeský vlastivědný spolek / Dům Německého východu, Mnichov

8. 12. 90
Informační program
Norimberk a české dějiny
Praha
Pražská informační služba (PSI)

10. 12. 90
Přednáška
Kurt Krolop (Praha): Franz Werfel a Karl Kraus
Sudetoněmecký dům, Mnichov
Spolek Adalberta Stiftera

10. 12. 90
Vortrag
Kurt Krolop (Prag): Franz Werfel und
Karl Kraus
Sudetendeutsches Haus, München
Adalbert Stifter Verein

12. 12. 90
Vortrag
Herbert Pinnow (Kassel): Fritz Nagel
und sein Brünner Roman „Der falsche
Paß"
Germanistisches Institut der Masaryk
Universität, Brünn
Deutscher Kulturverband /
Germanistisches Institut

Dezember 1990 / Januar 1991
Ausstellung
Weihnachten im Egerland
Haus Zum Goldenen Schlüssel, Karls-
bad
Karlsbader Museum

Dezember 1990
Lesungsreise
mit Gerhard Köpf (München) in Prag,
Aussig, Budweis, Brünn, Olmütz und
Preßburg
Goethe-Institut, Prag

12. 12. 90
Přednáška
Herbert Pinnow (Kassel): Fritz Nagel a
jeho brněnský román „Falešný pas"
Institut germanistiky Masarykovy uni-
verzity, Brno
Německý umělecký svaz /
Institut germanistiky

Prosinec 1990 / Leden 1991
Výstava
Vánoce na Chebsku
Dům „U zlatého klíče", Karlovy Vary
Karlovarské muzeum

Prosinec 1990
Cesta s autorským čtením
Gerhard Köpf (Mnichov) v Praze, Tep-
licích, Budějovicích, Brně, Olomouci a
Bratislavě
Goethe-Institut Praha

Chronik 1991 Kronika

30. 1. 91 - 16. 3. 91
Ausstellung
Drehscheibe Prag.
Deutsche Emigranten 1933-1939
Deutsche Bibliothek. Frankfurt a. M.
Deutsche Bibliothek /
Adalbert Stifter Verein

3. 2. 91 - 31. 3. 91
Ausstellung
Franz Werfel zwischen Prag und Wien
Museum Ostdeutsche Galerie, Regensburg
Adalbert Stifter Verein

3. 2. 91
Vortrag
Hanuš Karlach (Prag): Werfel-Forschung: Mikrophilologie oder Werkanalyse?
Museum Ostdeutsche Galerie, Regensburg
Adalbert Stifter Verein

8. 2. 91 - 6. 3. 91
Ausstellung
Aktuell 91 — Junge Kunst aus Prag
Künstlerwerkstatt Lothringerstraße, München
Kulturreferat München

23. 2. 91 - 10. 3. 91
Ausstellung
Václav Sika
Altes Rathaus, Furth i. W.
Stadt Furth i. W. / Chodenmuseum Taus

30. 1. 91 - 16. 3. 91
Výstava
Přestupní stanice Praha.
Němečtí emigranti 1933-1939.
Německá knihovna, Frankfurt n. M.
Německá knihovna /
Spolek Adalberta Stiftera

3. 2. 91 - 31. 3. 91
Výstava
Franz Werfel mezi Prahou a Vídní
Muzeum Východoněmecká galerie, Řezno
Spolek Adalberta Stiftera

3. 2. 91
Přednáška
Hanuš Karlach (Praha): Výzkum Werfelova díla: Mikrofilologie nebo analýza díla?
Muzeum Východoněmecká galerie, Řezno
Spolek Adalberta Stiftera

8. 2. 91 - 6. 3. 91
Výstava
Aktuál 91 — Mladé umění z Prahy
Umělecká dílna Lothringerstraße, Mnichov
Kulturní referát Mnichov

23. 2. 91 - 10. 3. 91
Výstava
Václav Sika
Stará radnice, Furth i. W.
Město Furth i. W. / Chodské muzeum
Domažlice

1. 3. 91
Vorstellung
Theater an der Schnur (Prag)
Zeughaus, Passau
Stadt Passau

5. 3. 91 - 31. 3. 91
Ausstellung
Die im Lichte, die im Schatten
Fotografien von Herlinde Koelbl und
Renate von Forster
Stop Gallery, Pilsen
X Centrum Pilsen

12. 3. 91
Vortrag
Gertrud Fussenegger (Linz): Zum 75.
Todestag von Marie von Ebner-Eschen-
bach
Zdislawitz/Mähren
**Adalbert Stifter Verein / Sudetendeut-
sche Landsmannschaft / Institut für
mitteleuropäische Kultur und Politik
(Prag)**

13. 3. 91 - 14. 3. 91
Symposium
Verlorene Geschichte oder wiederge-
wonnenes Land
mit tschechischen, polnischen und sude-
tendeutschen Referenten
Polnisches Kultur-Institut, Prag
**Goethe-Institut /
Polnisches Kulturinstitut /
Tschechisches Kulturministerium**

1. 4. 91 - 7. 4. 91
14. Sudetendeutsche Musiktage
mit Musikern aus der ČSFR und BRD
Kloster Rohr
Sudetendeutsches Musikinstitut

2. 4. 91 - 30. 4. 91
Ausstellung
Mauer Bruch „Berlin 1990"

1. 3. 91
Představení
Divadlo na provázku (Praha)
Zbrojnice, Pasov
Město Pasov

5. 3. 91 - 31. 3. 91
Výstava
Ti ve světle, ti ve stínu
Fotografie Herlindy Koelblové a Renate
von Forster
Stop Gallery, Plzeň
X Centrum Plzeň

12. 3. 91
Přednáška
Gertrud Fusseneggerová (Linec): K 75.
výročí úmrtí Marie von Ebner-Eschen-
bach
Zdislavice/Morava
**Spolek Adalberta Stiftera / Sudetoně-
mecké krajanské sdružení / Ústav pro
středoevropskou kulturu a politiku
(Praha)**

13. 3. 91 - 14. 3. 91
Sympozium
Ztracené dějiny nebo země znovu zís-
kaná?
Za účasti českých, polských a sudetoně-
meckých referentů
Polský kulturní institut, Praha
**Goethe-institut / Polský kulturní insti-
tut / české ministerstvo kultury**

1. 4. 91 - 7. 4. 91
14. sudetoněmecké hudební dny
s hudebníky z ČSFR a SRN
Klášter Rohr
Sudetoněmecký hudební institut

2. 4. 91 - 30. 4. 91
Výstava
Pád zdi „Berlín 1990"

Gertrud Fussenegger vor der Büste von Božena Němcová /
Gertruda Fusseneggerová před bustou Boženy Němcové

Fotografien von Bettina Flitner Foyer-Theater „Kruh", Pilsen **X Centrum Pilsen**	Fotografie Bettiny Flitnerové Foyer divadlo „Kruh", Plzeň **X Centrum Plzeň**
4. 4. 91 - 21. 4. 91 **Ausstellung** Cristian Becker (BRD) und Hanka Klein (ČSFR) Stop Gallery, Pilsen **X Centrum Pilsen**	**4. 4. 91 - 21. 4. 91** **Výstava** Christian Beckerová (SRN) a Hanka Kleinová (ČSFR) Stop Gallery, Plzeň **X Centrum Plzeň**
7. 4. 91 - 12. 5. 91 **Ausstellung** Tradition und Avantgarde in Prag Kunsthalle Dominikanerkirche, Osnabrück **Stiftung Niedersachsen Hannover**	**7. 4. 91 - 12. 5. 91** **Výstava** Tradice a avantgarda v Praze Umělecká síň dominikánského kostela, Osnabrück **Nadace Dolní Sasko, Hannover**
11. 4. 91 - 31. 5. 91 **Ausstellung** Franz Werfel zwischen Prag und Wien Haus des Deutschen Ostens, Düsseldorf **HDO / Adalbert Stifter Verein**	**11. 4. 91 - 31. 5. 91** **Výstava** Franz Werfel mezi Prahou a Vídní Dům německého východu, Düsseldorf **HDO / Spolek Adalberta Stiftera**

17. 4. 91 - 28. 4. 91
Ausstellung
Absolventen der Keramischen Fach-
schule
Hotel Thermal, Karlsbad

22. 4. 91 - 26. 4. 91
Informationswoche ČSFR
mit Ausstellungen, Vorträgen, kulinari-
schen Spezialitäten und einem Sprach-
kurs
Bergisch Gladbach
VHS Bergisch Gladbach

April 1991
Ausstellung
Alt Karlsbad. Bilder von Anton Drumm
Haus zum Goldenen Schlüssel, Karls-
bad
**Museum Karlsbad / Heimatverband der
Karlsbader**

2. 5. 91 - 20. 5. 91
Ausstellung
Bilder und Stadtansichten von tschechi-
schen Künstlern
Altes Rathaus, Furth i. W.
Stadt Furth i. W. / Chodenmuseum Taus

5. 5. 91 - 9. 5. 91
7. Weidener Literaturtage
mit Josef Hrubý, Alexandr Kliment, Jiří
Menzel und Petr Prouza
Kulturhaus, Weiden
**Kultur- und Fremdenverkehrsamt
Weiden**

6. 5. 91 - 24. 5. 91
Ausstellung
Drehscheibe Prag.
Deutsche Emigranten 1933-1939
Germanistisches Institut, Aachen
Stadt Aachen / Adalbert Stifter Verein

17. 4. 91 - 28. 4. 91
Výstava
Absolventi Odborné keramické školy
Hotel Thermal, Karlovy Vary

22. 4. 91 - 26. 4. 91
Informační týden ČSFR
s výstavami, přednáškami, kulinárními
specialitami a jazykovým kursem
Bergisch Gladbach
Lidová universita, Bergisch Gladbach

Duben 1991
Výstava
Staré Karlovy Vary — obrazy Antonína
Drumma
Dům U zlatého klíče, Karlovy Vary
**Muzeum Karlovy Vary / Domovský svaz
občanů Karlových Var**

2. 5. 91 - 20. 5. 91
Výstava
Obrazy a městské motivy českých
umělců
Stará radnice, Furth i. W.
**Město Furth i. W. / Chodské muzeum
Domažlice**

5. 5. 91 - 9. 5. 91
7. weidenské literární dny
s Josefem Hrubým, Alexandrem Kli-
mentem, Jiřím Menzlem a Petrem
Prouzou
Kulturní dům, Weiden
**Úřad pro kulturu a cizinecký ruch,
Weiden**

6. 5. 91 - 24. 5. 91
Výstava
Přestupní stanice.
Němečtí emigranti 1933-1939
Institut germanistiky, Cáchy
Město Cáchy/Spolek Adalberta Stiftera

Im Weidener Rathaus / Ve weidenské radnici: Jiří Menzel

10. 5. 91 **Lesung** F. C. Delius Prag **Goethe-Institut**	**10. 5. 91** **Autorské čtení** F. C. Delius Praha Goethe-institut
Internationaler Folkloreabend mit Gruppen aus der ČSFR, Holland, Österreich und Bayern Kulturhaus Taus **Stadt Furth i. W. / Stadt Taus**	Mezinárodní večer lidové hudby skupiny z ČSFR, Holanska, Rakouska a Bavorska Kulturní dům Domažlice **Město Furth i. W. / Město Domažlice**
11. 5. 91 - 15. 6. 91 **Ausstellung** G. H. Trapp: Das Antlitz des Opfers Hotel Thermal, Karlsbad **Seliger-Gemeinde / Klub der Sozial-** **demokraten im Bürgerforum**	**11. 5. 91 - 15. 6. 91** **Výstava** G. H. Trapp: Tvář oběti Hotel Thermal, Karlovy Vary **Seligerova obec / Klub sociálních** **demokratů v Občanském fóru**

31

5. 6. 91 - 29. 9. 91
Ausstellung
Adalbert Stifter — Schrecklich schöne Welt
Kreismuseum Walderbach
Adalbert Stifter Institut, Linz

13. 6. 91
Aufführung
Tyl-Theater, Pilsen: Václav Havel: Die Versuchung
Kulturzentrum Gasteig, München

13. 6. 91 - 16. 6. 91
Kolloquium
Deutsche Jugend in Böhmen 1918-1938 mit Referenten aus der ČSFR, Israel und der BRD
Haus der Kultur, Waldkraiburg
Adalbert Stifter Verein / Ackermann-Gemeinde / Collegium Carolinum / Seliger-Gemeinde / Freundeskreis Sudetendeutscher Wandervogel

14. 6. 91 - 28. 7. 91
Ausstellung
Tradition und Avantgarde in Prag
Rheinisches Landesmuseum Bonn
Stiftung Niedersachsen Hannover

17. 6. 91
Auftritt
Historischer Säumerzug aus Prachatitz
Passau
Stadt Passau

21. 6. 91
Kunstaktion
Künstler aus der ČSFR, Österreich, Italien, Schweiz und Frankreich installieren eine Statue
Dreisesselberg
X Centrum Pilsen / Kulturministerium CR

5. 6. 91 - 29. 9. 91
Výstava
Adalbert Stifter — Děsivě krásný svět
Okresní muzeum Walderbach / Institut Adalberta Stiftera, Linec

13. 6. 91
Divadelní představení
Tylovo divadlo Plzeň: Václav Havel: Pokoušení
Kulturní středisko Gasteig, Mnichov

13. 6. 91 - 16. 6. 91
Kolokvium
Německá mládež v Čechách 1918-1938 za účasti referentů z ČSFR, Izraele a SRN
Dům kultury, Waldkraiburg
Spolek Adalberta Stiftera / Ackermannova obec / Collegium Carolinum / Seligerova obec / Kruh přátel sudetoněmeckých „skautů"

14. 6. 91 - 28. 7. 91
Výstava
Tradice a avantgarda v Praze
Rýnské zemské muzeum Bonn
Nadace Dolní Sasko, Hannover

17. 6. 91
Vystoupení
Historický průvod z Prachatic
Pasov
Město Pasov

21. 6. 91
Umělecká akce
Umělci z ČSFR, Rakouska, Italie, Švýcarska a Francie instalují sochu
Třístoličník
X Centrum Plzeň / Ministerstvo kultury ČR

Die Ausstellung „Schrecklich schöne Welt" wurde vom Oberösterreichischen Landeskulturreferat und dem Adalbert-Stifter-Institut (Linz) gemeinsam mit dem Bezirksmuseum Krumau (ČSFR) erarbeitet. Die Ausstellung ist zweisprachig konzipiert und kann nach Krumau (Südböhmen) und Linz (Oberösterreich) auch im Kreismuseum Walderbach (Landkreis Cham, Naturpark Oberer Bayerischer Wald) gezeigt werden.

Ausstellung im
KREISMUSEUM WALDERBACH
ehem. Zisterzienserkloster
(8411 Walderbach, Kirchstraße 5)
vom 5. Juni bis 29. September 1991

Öffnungszeiten:
Mittwoch, Samstag, Sonntag von 14–17 Uhr
Führungen nach telefonischer Vereinbarung
(Telefon 09971/78289)

Výstava v Okresním muzeu
WALDERBACH
(8411 Walderbach, Okres Cham)
od 5. června do 29. září

Otevírací doba:
středa, sobota, neděle 14.00–17.00 h

Výstava o Adalbertu Stifterovi „Děsivě krásný svět" byla připravena ve spolupráci Spolkového zemského úřadu pro kulturu v Horním Rakousku, Institutu Adalberta Stiftera v Linci a Okresního vlastivědného muzea v Českém Krumlově. Výstava je koncipována dvojjazyčně pro uvedení jak v jižních Čechách (Český Krumlov), tak v Horním Rakousku (Linec).

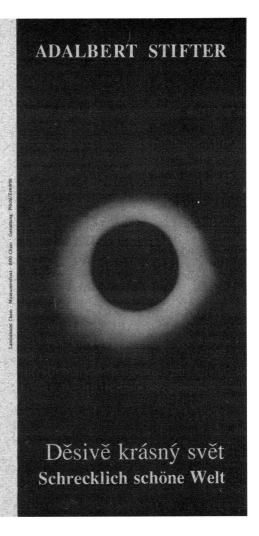

ADALBERT STIFTER

Děsivě krásný svět
Schrecklich schöne Welt

Landratsamt Cham · Museumsreferat · 8490 Cham · Gestaltung · Plöchl/Zendron

26. 6. 91 - 28. 7. 91
Ausstellung
Franz John (Berlin): Environment
Stop Gallery, Pilsen
X Centrum Pilsen

28. 6. 91 - 25. 8. 91
Ausstellung
Zeitgenössische Kunst aus der Tsche-
choslowakei
Kunstverein Braunschweig
**Arbeitsgemeinschaft deutscher Kunst-
vereine**

Juni 1991
Konzert
Hába-Quartett (BRD): Hommage a
Renata Pandula
Pálffy-Palais, Prag
Europäischer Kulturclub

9. 7. 91
Konzert
Kinder- und Jugendchor Mährisch-
Schönberg
Großer Rathaussaal
Stadt Passau

10. 7. 91
Vortrag
Mária Papsonová (Prešov): Deutsches
Recht in der mittelalterlichen Slowakei
Universität München
**Südostdeutsches Kulturwerk / Ungari-
sches Institut / Adalbert Stifter Verein**

24. 7. 91 - 2. 8. 91
Vorbereitungsjahr
des Festivals „Mitte Europa" —
Sachsen/Bayern/Böhmen
mit Konzerten, Puppentheater und
einem int. Meisterkurs in Eger, Kürbitz,
Mißlareuth, Bad Elster und Regnitz-
losau
**Festival „Mitte Europa" /
Euroregio Egrensis**

26. 6. 91 - 28. 7. 91
Výstava
Franz John (Berlín): Environment
Stop Gallery, Plzeň
X Centrum Plzeň

28. 6. 91 - 25. 8. 91
Výstava
Současné umění z Československa
Umělecký spolek Braunschweig
**Pracovní sdružení německých umě-
leckých spolků**

Červen 1991
Koncert
Hábovo kvarteto (SRN): Hommage a
Renata Pandula
Pálfyho palác, Praha
Evropský kulturní klub

9. 7. 91
Koncert
Dětský sbor a sbor mládeže Šumperka
Velký sál radnice
Město Pasov

10. 7. 91
Přednáška
Mária Papsonová (Prešov): Německé
právo na Slovensku ve středověku
Universita Mnichov
**Jihovýchodní německé kulturní dílo /
Maďarský institut / Spolek Adalberta
Stiftera**

24. 7. 91 - 2. 8. 91
Přípravný rok
festivalu „Střed Evropy" — Sasko /
Bavorsko / Čechy; s koncerty, lout-
kovým divadlem a int. mistrovským
kursem
v Chebu, Kürbitz, Misslareuth, Bad
Elster a Regnitzlosau
**Festival „Střed Evropy" /
Euroregio Egrensis**

34

FESTIVAL
MITTE EUROPA

SACHSEN · BAYERN · BÖHMEN

26. 7. 91
Uraufführung
„Troja '91 oder Menschen in einem Pferd" von Alexandr Kliment (Prag), Regie: Dušan Pařízek (Ellwangen), Bühnenbild: Kunststudenten aus Karlsruhe, München, Prag und Preßburg. Im Rahmen des von Dušan Pařízek konzipierten grenzüberschreitenden Kulturprojektes „Erbe und Zukunft" weitere Vorstellungen in Prag und Preßburg
Schloßfestspiele Ellwangen

23. 8. 91 - 22. 9. 91
Ausstellung
Graphik der 80er Jahre aus der Bundesrepublik Deutschland
Mittelböhmische Galerie, Prag
Institut für Auslandsbeziehungen Stuttgart / Goethe-Institut

2. 9. 91 - 2. 10. 91
Ausstellung
Die egerländer Bäder von Weltruf — Karlsbad, Marienbad und Franzensbad
Bad Urach
Haus der Heimat (Stuttgart) / Konföderation egerländer Museen

3. 9. 91
Lesung
Reiner Kunze
Goethe-Institut, Prag
Goethe-Institut / Karlsuniversität / PEN-Klub

4. 9. 91 - 13. 10. 91
Ausstellung
Die nordböhmische Landschaft in der Romantik
München, Sudetendeutsches Haus
Sudetendeutsches Archiv / Bezirksmuseum Aussig

26. 7. 91
Premiéra
„Troja 91 aneb Lidé v koni" Alexandra Klimenta (Praha)
Režie: Dušan Pařízek (Ellwangen), scéna: studenti umění z Karlsruhe, Mnichova, Prahy a Bratislavy. V rámci kulturního projektu překračujícího hranice s názvem „Dědictví a budoucnost", který koncipoval Dušan Pařízek. Další představení v Praze a Bratislavě
Zámecké slavnosti Ellwangen

23. 8. 91 - 22. 9. 91
Výstava
Grafika 80. let ze Spolkové republiky Německo
Středočeská galerie, Praha
Institut pro vztahy s cizinou, Stuttgart / Goethe-Institut

2. 9. 91 - 2. 10. 91
Výstava
Světoznámé lázně Chebska — Karlovy Vary, Mariánské Lázně a Františkovy Lázně
Bad Urach
Dům vlasti / Stuttgart
Konfederace muzeí Chebska

3. 9. 91
Autorské čtení
Reiner Kunze
Goethe-Institut, Praha
Goethe-Institut / Universita Karlova / PEN-klub

4. 9. 91 - 13. 10. 91
Výstava
Severočeská romantická krajina
Sudetoněmecký dům, Mnichov
Sudetoněmecký archiv / Oblastní muzeum Teplice

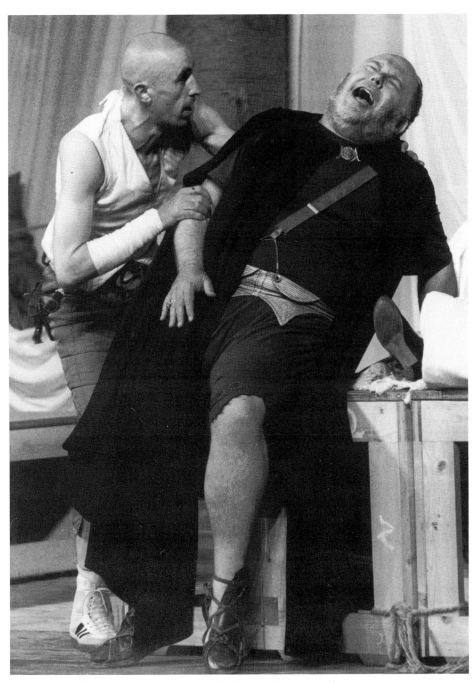

Troja '91 oder Menschen in einem Pferd / Trója '91 neboli lidé na koni

14. 9. 91 - 21. 9. 91
Ausstellung
Neun aus Pilsen
Thon-Dittmer-Palais, Regensburg
VHS Regensburg / ARS Palais

16. 9. 91 - 21. 10. 91
Ausstellung
Franz Werfel zwischen Prag und Wien
Deutsche Bücherei, Leipzig
**Deutsche Bibliothek /
Adalbert Stifter Verein**

19. 9. 91 - 21. 9. 91
Deutsch-Tschechische Tage
mit einem Symposium über Europa,
eröffnet von Otto von Habsburg, einem
Literaturabend mit Barbara König, Petr
Prouza, Radko Pytlík u.a. und einer
Ausstellung über Reichenberg auf alten
Fotografien
Reichenberg
**Stadtamt Reichenberg / Technische
Hochschule Reichenberg / Bund der
Deutschen / Heimatkreis Reichenberg /
Bernard-Bolzano-Stiftung Prag / Stadt
Zittau**

19. 9. 91 - 16. 10. 91
Ausstellung
VERLOREN — GEFUNDEN
Ruth und Rachel Kohn
**Kultur- und Informationszentrum der
ČSFR, Berlin**

23. 9. 91 - 4. 10. 91
Berliner Bohemicum / Slovacicum
Vorlesungen zur tschechischen und slo-
wakischen Sprache und Literatur
**Humbold Universität / Kultur- und
Informationszentrum der ČSFR, Berlin**

24. 9. 91
Konzert
Albert Dambeck (Passau): Kontrabaß
Stop Gallery, Pilsen
X Centrum Pilsen

14. 9. 91 - 21. 9. 91
Výstava
Devět z Plzně
Thon-Dittmerův palác, Řezno
Lidová universita Řezno / ARS Plzeň

16. 9. 91 - 21. 10. 91
Výstava
Franz Werfel mezi Prahou a Vídní
Německá knihovna, Lipsko
**Německá knihovna /
Spolek Adalberta Stiftera**

19. 9. 91 - 21. 9. 91
Německo-české dny
Sympozium o Evropě, zahájení Otto von
Habsburg, literární večer s Barbarou
Königovou, Petrem Prouzou, Radko
Pytlíkem aj., výstava — Liberec na
starých fotografiích
Liberec
**Městský úřad Liberec / Vysoká škola
technická Liberec / Svaz Němců /
Domovský svaz Liberec, Nadace Ber-
narda Bolzana, Praha / město Žitava**

19. 9. 91 - 16. 10. 91
Výstava
ZTRACENO-NALEZENO
Ruth und Rachel Kohnovy
**Kulturní a informační centrum ČSFR,
Berlín**

23. 9. 91 - 4. 10. 91
Berlínské Bohemicum / Slovacicum
Přednášky k české a slovenské řeči a
literatuře
**Humboldova universita / Kulturní a
informační středisko ČSFR, Berlín**

24. 9. 91
Koncert
Albert Dambeck (Pasov): kontrabas
Stop Gallery, Plzeň
X Centrum Plzeň

Autoren in Reichenberg. V. l.: / Autoři v Liberci. Zleva: Gerd Holzheimer, Barbara König, Václav Dušek, Petr Prouza, Zdeněk Zapletal, Radko Pytlík

26. 9. 91 - 1. 12. 91
Ausstellung
Tschechischer Kubismus. Architektur und Design 1910-1925
Kunstverein für die Rheinlande und Westfalen, Düsseldorf

27. 9. 91 - 10. 11. 91
Ausstellung
Mail-Art: Böhmische Dörfer
Museum Ostdeutsche Galerie, Regensburg
Adalbert Stifter Verein

28. 9. 91 - 27. 10. 91
Ausstellung
Naďa Kubásková-Škardová und Dana Raunerová (Pilsen)
Steiningergasse, Passau
X Centrum Pilsen / Museum moderne Kunst Passau

26. 9. 91 - 1. 12. 91
Výstava
Český kubismus. Architektura a design 1910-1925
Umělecký spolek Porýní a Westfálska, Düsseldorf

27. 9. 91 - 10. 11. 91
Výstava
Mail-Art: Böhmische Dörfer (Španělské vesnice)
Muzeum Východoněmecká galerie, Řezno
Spolek Adalberta Stiftera

28. 9. 91 - 27. 10. 91
Výstava
Naďa Kubásková-Škardová a Dana Raunerová (Plzeň)
Steiningergasse, Pasov
X Centrum Plzeň / Muzeum moderního umění Pasov

30. 9. 91 - 5. 10. 91
Austausch der Literaturen
Lesungsreise mit Ota Filip, Josef Hrubý
und Jan Trefulka.
Moderation: Franz Peter Künzel.
Düsseldorf, Hilden, Bochum, Wupper-
tal, Dortmund, Remscheid
**Deutsch-Tschechoslowakische Gesell-
schaft / Literaturbüro NRW e.V.**

September 1991
Ausstellung
Matouš Vondrák und Radko Chodura
(Budweis)
Sparkasse Passau
Stadt Passau

1. 10. 91 - 3. 11. 91
Ausstellung
Hinterglasmalerei aus Europa, Asien
und Afrika
Exponate aus dem Nationalmuseum
Prag und der Sammlung Udo Dammert
Prag
Nationalmuseum Prag/Goethe-Institut

6. 10. 91
Aufführung
Tyl-Theater, Pilsen: Bohuslav Martinů:
Špalíček
Fürstbischöfliches Opernhaus, Passau
Stadt Passau

12. / 13. 10. 91
2. Elbogener Orgelfest
mit Musikern aus der BRD
Elbogen
Sudetendeutsches Musikinstitut

14. 10. 91 - 15. 11. 91
Ausstellung
Rudolf Mayer-Freiwaldau (Schwind-
egg): Stigma
Stop Gallery, Pilsen
X Centrum Pilsen

30. 9. 91 - 5. 10. 91
Výměna literatur
Cestování s autorským čtením za účasti
Oty Filipa, Josefa Hrubého a Jana
Trefulky
Moderátgor: Franz Peter Künzel
Düsseldorf, Hilden, Bochum, Wupper-
tal, Dortmund, Remscheid
**Německo-československá společnost /
Literární kancelář NRW. e.V.**

Září 1991
Výstava
Matouš Vondrák a Radko Chodura
(Budějovice)
Spořitelna Pasov
Město Pasov

1. 10. 91 - 3. 11. 91
Výstava
Malby na skle z Evropy, Asie a Afriky
Exponáty z Národního muzea v Praze a
sbírky Udo Dammerta
Praha
**Národní muzeum Praha /
Goethe-Institut**

6. 10. 91
Divadelní představení
Tylovo divadlo, Plzeň: Bohuslav Marti-
nů: Špalíček
Opera knížete biskupa, Pasov
Město Pasov

12. 10. 91 - 13. 10. 91
2. loketské varhanní slavnosti
s hudebníky z SRN
Loket
Sudetoněmecký hudební institut

14. 10. 91 - 15. 11. 91
Výstava
Rudolf Mayer-Freiwaldau
(Schwindegg): Stigma
Stop Gallery, Plzeň
X Centrum Plzeň

Mail-Art: Böhmische Dörfer / České (španělské) vesnice

16. 10. 91
Lesung
Martin Walser
Goethe-Institut, Prag
Goethe-Institut /
Karlsuniversität / PEN-Klub

17. 10. 91 - 17. 11. 91
Ausstellung
Das Land und sein Kreuz
Petr Baran (Brünn): Fotografien,
Jan Šimek (Brünn): Skulpturen
Sudetendeutsches Haus, München
Sudetendeutsche Landsmannschaft /
Paneuropa-Union

17. 10. 91 - 15. 12. 91
Ausstellung
Drehscheibe Prag.
Deutsche Emigranten 1933-1939
NS-Dokumentationszentrum, Köln
NS-Dokumentationszentrum /
Adalbert Stifter Verein

17. 10. 91
Lesung
Jiří Gruša und Walter Höllerer
Kultur- und Informationszentrum der
ČSFR, Berlin

18. 10. 91
Aufführung
Hohensteiner Puppentheater
Kulturhaus, Pilsen
X Centrum Pilsen

Vortrag
Jaromír Boháč (Eger): Die Euroregio —
Neue Hoffnung für das Egerland?
Sudetendeutsches Haus, München
Sudetendeutsche Landsmannschaft

18. 10. 91 - 26. 10. 91
Tschechische Theatertage
mit dem Theater am Geländer (Prag),
Studio Ypsilon (Prag), Ha-Theater
(Brünn), Drak-Theater (Königgrätz)
und der TUJU-Theater-Kompanie

16. 10. 91
Autorské čtení
Martin Walser
Goethe-Institut, Praha
Goethe-Institut /
Universita Karlova / PEN-klub

17. 10. 91 - 17. 11. 91
Výstava
Země a její kříž
Petr Baran (Brno): Fotografie
Jan Šimek (Brno): Sochy
Sudetoněmecký dům, Mnichov
Sudetoněmecké krajanské sdružení /
Paneuropa-Union

17. 10. 91 - 15. 12. 91
Výstava
Přestupní stanice Praha.
Němečtí emigranti 1933-1939
NS-Dokumentační centrum, Kolín n. R.
NS-Dokumentační centrum /
Spolek Adalberta Stiftera

17. 10. 91
Autorské čtení
Jiří Gruša a Walter Höllerer
Kulturní a informační centrum ČSFR,
Berlín

18. 10. 91
Divadelní představení
Loutkové divadlo z Hohensteinu
Kulturní dům, Plzeň
X Centrum Plzeň

Přednáška
Jaromír Boháč (Cheb): Euroregio —
nová naděje pro Chebsko?
Sudetoněmecký dům, Mnichov
Sudetoněmecké krajanské sdružení

18. 10. 91 - 26. 10. 91
České divadelní dny
s divadlem Na zábradlí (Praha), Studiem
Ypsilon (Praha), Ha-divadlem (Brno),
divadlem Drak (Hradec Králové),
TUJU-divadelní společností (Praha) a

Theater am Geländer, Prag: „Don Juan", von Molière. Stadttheater Regensburg, Schlußszene /
Divadlo na zábradlí, Praha: „Don Juan", Molière. Městské divadlo v Řezně, závěrečná scéna

(Prag) sowie Dokumentarfilmen von
Haro Senft (München) und Wolfgang
Remsbott / Walter Höllerer (Berlin)
Kulturamt Regensburg / Mittelbayeri-
sche Zeitung / Adalbert Stifter Verein

21. 10. 91
Filmvorführung
Haro Senft (München): Ein Anlaß zum
Sprechen (1965)
Filminstitut, Prag
Goethe-Institut / FAMU

25. / 26. 10. 91
Kolloquium
Zur Geschichte des böhmischen Thea-
ters
mit Referenten aus der ČSFR, Öster-
reich und der BRD
Haus Heuport, Regensburg
Adalbert Stifter Verein

dokumentárními filmy Haro Senfta
(Mnichov) a Wolfganga Ramsbotta /
Waltera Höllerera (Berlín)
Odbor kultury Řezno / Středobavorské
noviny / Spolek Adalberta Stiftera

21. 10. 91
Filmové představení
Haro Senft (Mnichov): Příležitost
k promluvě (1965)
Filmový ústav, Praha
Goethe-Institut / FAMU

25. / 26. 10. 91
Kolokvium
K dějinám českého divadla
s referenty z ČSFR, Rakouska a SRN
Heuportův dům, Řezno
Spolek Adalberta Stiftera

43

29. 10. 91
Vortrag
Erwin Scholz (Reichenberg): Vom Staatsfeind zur geduldeten Minderheit — der Weg der Sudetendeutschen daheim
Sudetendeutsches Haus, München
Sudetendeutsche Landsmannschaft

30. 10. 91 - 2. 11. 91
Sudetendeutsch-tschechisches Musiksymposium
mit Referenten aus der ČSFR und BRD
Regensburg
Sudetendeutsches Musikinstitut

31. 10. 91
Vortrag
Eduard Goldstücker (Prag): Die kulturelle Konzeption Mitteleuropas
Kultur- und Informationszentrum der ČSFR, Berlin / Comenius-Club

31. 10. 91 - 3. 11. 91
Kolloquium
Formen des nationalen Bewußtseins im Lichte zeitgenössischer Nationalismustheorien
mit Referenten aus der ČSFR, Polen, Ungarn, Großbritannien und der BRD
Bad Wiessee
Collegium Carolinum

4. 11. 91 - 6. 11. 91
Filmvorführung
Hans-Joachim Schlegel: Auswahl Oberhausener Preisträger
Prag
Goethe-Institut / FAMU

5. 11. 91
Vortrag
Jiří Kuthan (Prag): Schweres Erbe — Zur Lage der Denkmalpflege in den böhmischen Ländern
Sudetendeutsches Haus, München
Sudetendeutsche Landsmannschaft

29. 10. 91
Přednáška
Erwin Scholz (Liberec): Od nepřítele státu k trpěné menšině — cesta sudetských Němců domů
Sudetoněmecký dům, Mnichov
Sudetoněmecké krajanské sdružení

30. 10. 91 - 2. 11. 91
Sudetoněmecko-české hudební sympozium
s referenty z ČSFR a SRN
Řezno
Sudetoněmecký hudební ústav

31. 10. 91
Přednáška
Eduard Goldstücker (Praha): Kulturní koncepce střední Evropy
Kulturní a informační centrum ČSFR, Berlín / Klub Komenského

31. 10. 91 - 3. 11. 91
Kolokvium
Formy národního vědomí ve světle dobových nacionalistických teorií
s referenty z ČSFR, Polska, Maďarska, Velké Británie a SRN
Bad Wiessee
Collegium Carolinum

4. 11. 91 - 6. 11. 91
Filmové představení
Hans-Joachim Schlegel: Výběr nositelů cen z Oberhausenu
Praha
Goethe-Institut / FAMU

5. 11. 91
Přednáška
Jiří Kuthan (Praha): Tíživé dědictví — k situaci ochrany památek v českých zemích
Sudetoněmecký dům, Mnichov
Sudetoněmecké krajanské sdružení

7. 11. 91
Vortrag
Zdeněk Eis (Prag): Traditionen und Widersprüche in der politischen Kultur der Tschechoslowakei
Sudetendeutsches Haus, München
Sudetendeutsche Landsmannschaft

8. 11. 91 - 13. 12. 91
Ausstellung
15 Künstler aus der Tschechoslowakei
Galerie an der Finkenstraße, München
Deutsche Gesellschaft für christliche Kunst

11. 11. 91
Vortrag
Dora Müller (Brünn): Als deutsche Autorin in der ČSSR
Terrassen am Zoo, Berlin
Verband deutscher Autoren

12. 11. 91
Vortrag
Petr Fiala (Brünn): Mähren — eine Region auf dem Weg nach Europa
Sudetendeutsches Haus, München
Sudetendeutsche Landsmannschaft

13. 11. 91
Vortrag
Dora Müller (Brünn): Mährische Sprachinseln
Kultur- und Informationszentrum der ČSFR, Berlin / Bundesverband Deutscher Autoren

14. 11. 91 - 17. 11. 91
Kolloquium
Polen und die böhmischen Länder im 19. und 20. Jahrhundert
mit Referenten aus Polen, der ČSFR und BRD
Bad Wiessee
Collegium Carolinum

7. 11. 91
Přednáška
Zdeněk Eis (Praha): Tradice a rozpory v politické kultuře Československa
Sudetoněmecký dům, Mnichov
Sudetoněmecké krajanské sdružení

8. 11. 91 - 13. 12. 91
Výstava
15 umělců z Československa
Galerie an der Finkenstraße, Mnichov
Německá společnost pro křesťanské umění

11. 11. 91
Přednáška
Dora Müllerová (Brno): Německou autorkou v ČSSR
Terasy u zoo, Berlín
Svaz německých autorů

12. 11. 91
Přednáška
Petr Fiala (Brno): Morava — región na cestě do Evropy
Sudetoněmecký dům, Mnichov
Sudetoněmecké krajanské sdružení

13. 11. 91
Přednáška
Dora Müllerová (Brno): Moravské jazykové ostrovy
Kulturní a informační středisko ČSFR, Berlín / Spolkový svaz německých autorů

14. 11. 91 - 17. 11. 91
Kolokvium
Polsko a české země v 19. a 20. století
s referenty z Polska, ČSFR a SRN
Bad Wiessee
Collegium Carolinum

16. 11. 91
Vortragsreihe
Böhmische Bäder
mit Stanislav Burachovič (Karlsbad),
Vladimir Křížek (Marienbad) und Pavel
Stříbrný (Franzensbad)
München, Sudetendeutsches Haus
Adalbert Stifter Verein

20. 11. 91 - 22. 11. 91
Kolloquium
Literarische Beziehungen zwischen
Prag und Berlin mit Referenten aus der
ČSFR und der BRD
Stuttgart-Hohenheim
**Kulturstiftung der deutschen Vertrie-
benen**

25. 11. 91
Vortrag
Vilém Flusser: Massenkommunikation,
elitäre Kommunikation und Paradig-
menwechsel
Goethe-Institut, Prag
**Goethe-Institut / Karlsuniversität /
Prager Haus der Photographie**

30. 11. 91
Wettbewerb
Pokal der Stadt Brüx im Tanz
mit Teilnehmern aus Hamburg, Halle,
Chemnitz und der ČSFR
Theater- und Kulturhaus, Brüx

2. 12. 91
Vortrag
Emil Skála (Prag): Tschechisch-deut-
sche Sprachbeziehungen
**Kultur- und Informationszentrum der
ČSFR, Berlin / Comenius-Club**
Konzert
Streichquartett des Pilsner Opern-
orchesters
Gera

5. 12. 91 - 21. 12. 91
Ausstellung
Jan Souček

16. 11. 91
Cyklus přednášek
České lázně
Stanislav Burachovič (Karlovy Vary),
Vladimír Křížek (Mariánské Lázně) a
Pavel Stříbrný (Františkovy Lázně)
Sudetoněmecký dům, Mnichov
Spolek Adalberta Stiftera

20. 11. 91 - 22. 11. 91
Kolokvium
Literární vztahy mezi
Prahou a Berlínem
za účasti referentů z ČSFR a SRN
Stuttgart-Hohenheim
Kulturní nadace německých vyhnanců

25. 11. 91
Přednáška
Vilém Flusser: Masová komunikace,
elitářská komunikace a změna paradig-
mat
Goethe-Institut, Praha
**Goethe-Institut / Universita Karlova /
Pražský dům fotografie**

30. 11. 91
Soutěž
Pohár města Mostu v tanci
s účastníky z Hamburku, Halle, Saské
Kamenice a ČSFR
Divadelní a kulturní dům, Most

2. 12. 91
Přednáška
Emil Skála (Praha): Česko-německé
jazykové vztahy
**Kulturní a informační centrum ČSFR,
Berlín / Klub Komenského**
Koncert
Smyčcové kvarteto plzeňského operní-
ho orchestru
Gera

5. 12. 91 - 21. 12. 91
Výstava
Jan Souček

46

GOETHE-INSTITUT

září
prosinec
September
Dezember 91

PRAG

47

Bonn
Botschaft der ČSFR / Deutsch-tsche-
choslowakische Gesellschaft

5. 12. 91 - 5. 1. 92
Ausstellung
Joseph Beuys: Zeichnungen, Objekte,
Grafik
Kinsky-Palais, Prag
Goethe-Institut / Institut für Auslands-
beziehungen Stuttgart / Nationalgalerie
Prag

7. 12. 91 — 11. 12. 91
Sonderausstellung
der Akademie der Bildenden Künste in
Prag
Internationale Kunstmesse
Art Hamburg

7. 12. 91 - 26. 4. 92
Ausstellung
Josef Hofmann — Bilder vom Volks-
leben
Egerlandmuseum, Marktredwitz
Egerländer Gmoin / Konföderation
Egerländer Museen

7. 12. 91
Konzert
Jacub Jan Ryba-Gesellschaft
(Rožmitál): Böhmische Hirtenmesse
Pfarrkirche Walderbach
Kreismuseum Walderbach

16. 12. 91
Aufführung
Gastspiel des Folkwang Tanzstudios
Theater za branou II, Prag
Goethe-Institut / Divadlo za branou II

30. 12. 91
Volkstumsabend
Böhmisches Brauchtum
zwischen Advent und Neujahr
Baysaal Furth i. W.
VHS Furth i. W.

Bonn
Velvyslanectví ČSFR /
Německo-česloslovenská společnost

5. 12. 91 - 5. 1. 92
Výstava
Joseph Beuys: Kresby, objekty, grafiky
Palác Kinských
Goethe-Institut / Institut pro zahraniční
vztahy Stuttgart / Národní
galerie Praha

7. 12. 91 — 11. 12. 91
Zvláštní výstava
Akademie výtvarných umění v Praze
Mezinárodní umělecké trhy
Art Hamburk

7. 12. 91 - 26. 4. 92
Výstava
Josef Hofmann — Obrazy ze života lidu
Muzeum Chebska, Marktredwitz
Egerländer Gmoin / Konfederace
muzejí Chebska

7. 12. 91
Koncert
Společnost Jakuba Jana Ryby (Rož-
mitál): Česká mše vánoční
Farní kostel Walderbach
Okresní muzeum Walderbach

16. 12. 91
Představení
Pohostinské vystoupení tanečního
studia Folkwang
Divadlo za branou II, Praha
Goethe-Institut / Divadlo za branou II

30. 12. 91
Národopisný večer
České zvyky mezi adventem a Novým
rokem
Baysaal Furth i. W.
Lidová universita Furth i. W.

Jaroslav Putík

Der Trauerwalzer
Smuteční valčík

Es gelang mir nicht, festzustellen, ob mein Onkel musikalisch war oder nicht, wahrscheinlich war er es, doch fehlte ihm die musikalische Ausbildung. Sicher ist, daß er gern und ziemlich gut sang, seine Stimme war voll, beinahe ein Bariton, doch niemals erinnerte er sich richtig an die Worte. Er spielte kein Instrument, nur die Mundharmonika, sein Vater, Jan Baudyš, der Ältere, sah in seinem Sohn den künftigen Bahnhofsvorsteher, und was soll Musik einem Bahnhofsvorsteher, ihm genügen die Signale der Telegrafenglocken, die Pfiffe der Lokomotiven, das Zischen des Dampfes, das Gekrache der Puffer, überdies war er überzeugt, Musik führe zum Alkoholismus und alle Musiker seien Säufer. Die Mutter war da anderer Meinung, sie konnte sich ganz gut einen Bahnhofsvorsteher vorstellen, wie er in freien Stunden die Geige spielt, aber Jan Baudyš der Ältere ließ sie abblitzen: Unser Janek? Der paßt höchstens zum Heligon!

Wuchs also Jan ohne musikalische Ausbildung heran und nie fand er zur Musik eine innerliche Beziehung, seine Vorlieben auf diesem Gebiet waren unbestimmt, die Kenntnisse oberflächlich. Jedoch die symphonische Musik fesselte ihn, stärker als auf Emotionen wirkte sie auf seine Fantasie, so daß er nach einer Weile den Zusammenhang verlor, und wahrzunehmen vermochte er sie nur als malerische Begleitung des schwindeln-

Nepodařilo se mi zjistit, byl-li strýc muzikální či nikoliv, nejspíše ano, ale chyběla mu hudební výchova. Jisto je, že rád a docela pěkně zpíval, měl sytý hlas, téměř baryton, nikdy si však řádně nepamatoval slova. Nehrál na žádný hudební nástroj kromě foukací harmoniky, jeho otec, Jan Baudyš starší, se upjal k představě, že syn bude přednostou stanice, a k čemu je přednostovi hudba, stačí mu signály telegrafních zvonků, pískot lokomotiv, syčení páry a třeskot nárazníků, navíc byl přesvědčen, že hudba vede k alkoholismu a že všichni muzikanti jsou ožralové. Matka měla na věc jiný názor, dovedla si představit přednostu stanice, jak ve volných chvílích hraje na housle, ale Jan Baudyš starší ji zpražil: Náš Honzík? Ten leda tak heligón!

Vyrostl tedy Jan bez hudebního vzdělání a nikdy už nenašel k hudbě hudbě niternější vztah, jeho hudební záliby byly neurčité a jeho znalosti povrchní. Symfonická hudba ho však uchvacovala, víc než na emoce působila na jeho fantazii, takže po chvíli ztrácel souvislost a vnímal hudbu jen jako malebný doprovod k závratnému letu svých myšlenek a nápadů. Proto se také hudbě bránil, podvědomě v ní vytušil svůdce, který by mohl rozrušit jeho svět a nahradit jiným, snad krásným, ale cizím.

To však nebylo na překážku, aby do užšího kruhu známých a přátel nenáležel

den Flugs seiner Gedanken und Einfälle. So wehrte er sich gegen die Musik, ahnte in ihr den Verführer, dem es gelingen könnte, seine Welt zu zerstören und sie durch eine andere zu ersetzen, durch eine vielleicht schöne, aber fremde Welt.

Das hinderte ihn jedoch nicht daran, in den engeren Kreis seiner Bekannten und Freunde den Kapellmeister Václav Žilka einzureihen, den konzessionierten Musiklehrer und späteren Dirigenten der „Elbentalkapelle". Žilka gehörte zu den wenigen Männern des Städtchens, die noch eine Art Bart trugen — es war ein schütteres Bürstchen unter der Nase, das wahrscheinlich das Hamstergebiß verdecken sollte. Der Kapellmeister war beleibt, sein Gesicht traurig, als würde ihn dauernd etwas quälen, und mit diesem Ausdruck trank er auch, still und gesammelt. Er hatte eine heimliche Leidenschaft, von der nur wenige wußten. Václav Žilka komponierte! Einst hatte er es Onkel Jan anvertraut und rechnete mit des Onkels Verständnis, ja er pflegte Konvoluten von Notenpapier mitzubringen, obwohl ihn der Onkel versicherte, daß er von Noten nichts verstehe, außerstande sei, den Unterschied zwischen einer kleinen und großen Oktave zu begreifen. Also wartete Žilka geduldig, bis sich der Rasiersalon geleert hatte, und fing dann an, mit überschnappender dünner Stimme vorzusingen, und errötend blickte er zum Onkel hinüber. Onkel Jan war — ein seltenes Phänomen — verlegen, denn er mußte sich eingestehen, daß er in Bezug auf Musik ein Laie ist und es nutzlos wäre, in der Enzyklopädie nachzulesen und einige Stichwörter einzupauken. Der erregte Žilka war zum Glück nicht fähig, die Umgebung wahrzunehmen, und alle Äußerungen übertrug er in die eigene

kapelník Václav Žilka, koncesovaný učitel hudby a pozdější dirigent „Polabanky". Žilka patřil k nemnoha mužům městečka, kteří ještě nosili vous, byl to řídký kartáček pod nosem, jenž měl patrně zakrývat křeččí chrup. Kapelník byl zavalitý, smutné tváře, jako by ho stále cosi trápilo, a s tímto výrazem i pil, tiše a soustředěně. Měl tajnou vášeň, o níž vědělo jen málo lidí, Václav Žilka skládal! Svěřil se s tím jednou strýci Janovi jako s tajnou neřestí a počítal se strýcovým pochopením, dokonce s sebou přinášel konvoluty popsaného notového papíru, ač ho strýc přesvědčoval, že notám nerozumí a nikdy nepochopí rozdíl mezi malou a velkou oktávou. Žilka tedy trpělivě vyčkával až se oficína vyprázdní, a potom začal přeskakujícím hláskem předzpěvovat a s uzarděním hleděl na strýce. Strýc byl — dosti řídký úkaz — v rozpacích, poněvadž si musel přiznat, že je v hudbě laikem a nepomůže mu urychlené nastudování několika hesel z encyklopedie. Vzrušený a rozčílený Žilka naštěstí nebyl schopen vnímat okolí a veškeré projevy si překládal do své řeči, z občasného odkašlání či zachmuření vyčetl celou stupnici kritického nadšení i nesouhlasu, který kupodivu vždy potvrzoval, co si o tom myslel sám.

Tohle se vám líbí, co? To věřím, Žilka se usmál a zrudl. Strýci nezbylo než přikývnout.

Tohle nezní, co? Já vím, řekl jindy, a strýc nemohl jinak než opět přikývnout.

Strýc byl také donucen přijmout několikrát opakované pozvání, aby navštívil kapelníka v jeho vilce „Malá ale naše", že mu na piáně zahraje své nové skladby. Strýc potom seděl na židli jak na mučící

Jaroslav Putík in München / v Mnichově

Sprache, aus gelegentlichem Räuspern oder Verdüsterung entnahm er eine ganze Skala kritischer Begeisterung oder auch Nichtübereinstimmung, die seltsamerweise immer das bestätigte, was er selber darüber dachte.

Das gefällt Ihnen, nicht wahr? Ja, das will ich meinen. Žilka lächelte und errötete. Dem Onkel blieb nichts anderes übrig als zu nicken.

Das klingt nicht gut, was? Ja, ist mir klar, sagte er ein andermal, und der Onkel konnte nicht anders als nicken.

Auch sah sich der Onkel gezwungen, die wiederholt geäußerte Einladung des Kapellmeisters in seine Villa, die den Namen „Klein, aber mein" trug, anzunehmen — gern würde er ihm seine neue

stolici, popíjel zdravotní šípkový čaj a potil se, jak se z celé situace dostane, protože na konflikt toho druhu nebyl vyzbrojen: za nic na světě by neublížil člověku, který se mu tak vydává všanc, ale vědomí, že nemůže nic jiného než skladbičku pochválit, mu znemožňovalo vnímat: v té chvíli pochopil, že zaměstnání drnomistra je mnohem příjemnější než zaměstnání kritika. Strýc si z této situace pomohl způsobem, který svědčil o znamenitých diplomatických schopnostech: nastolil nový, nečekaný problém, který zaujal i tvůrce opojeného jen vlastním dílem.

Já myslím, řekl strýc v pauze, že muzikanty by nemělo být vidět.

Žilka překvapením pootevřel ústa, protože v tom zprvu spatřoval útok na své

Komposition am Klavier vorspielen. Und so saß dann der Onkel auf dem Stuhl wie auf einer Folterbank, hie und da nahm er einen Schluck Hagebuttentee und schwitzte, denn wie sollte er aus der schiefen Lage kommen, gegen Konflikte dieser Art war er nicht gewappnet: um keinen Preis wird er einen Menschen verletzen, der sich ihm derart ausliefert, doch das Bewußtsein, ihm bleibe nichts anderes übrig, als das Vorgeführte zu loben, legte sein Wahrnehmungsvermögen lahm; in diesem Augenblick begriff er, daß der Beruf des Schinders viel angenehmer ist, als der des Kritikers. Der Onkel meisterte die Situation auf eine Weise, die von hervorragendem diplomatischem Talent zeugt: Er unterbreitete ein neues, unerwartetes Problem, fesselnd auch für den vom eigenen Werk eingenommen Schöpfer.

Ich glaube, sagte der Onkel während der Pause, man sollte die Musiker beim Spiel nicht sehen.

Žilka, höchst überrascht, öffnete ein wenig den Mund, denn zunächst vermutete er einen Angriff auf seine Interpretationskunst, doch sogleich erklärte ihm der Onkel, alle Interpreten der Musikkunst habe er im Sinn.

Ein dichter Vorhang wär da gut, behauptete der Onkel.

Kapellmeister Žilka gab zu, daß der Gedanke anregend, wenn auch ungewöhnlich sei, verteidigte jedoch das Recht des Konzertbesuchers, das musikalische Geschehen auch mit den Augen verfolgen zu können. Der Onkel beharrte auf seinem Standpunkt und nannte einige geschichtliche Beispiele. In der Auseinandersetzung, in deren Verlauf keiner

interpretační umění, ale strýc mu hned vysvětlil, že má na mysli všechny interprety hudebního umění.

Hustou oponu by to chtělo, tvrdil strýc.

Kapelník Žilka připustil, že je to podnětná, i když nezvyklá myšlenka, avšak hájil právo koncertního diváka sledovat hudební projev i očima. Strýc trval na svém a uváděl četné příklady z historie. Ve sporu, kdy ani jedna strana nezvýšila hlas a kdy se dopíjel chladnoucí šípkový čaj (doma před ženou se kapelník neodvážil napít ani slabého piva!), se jaksi pozapomnělo na pousouzení skladby mistra Žilky, lze však usoudit, že nesmělý skladatel si strýcův manévr vysvětlil jako nepřímou kritiku, protože při loučení byl smutný a ustaraný a jeho malá pusinka se ještě více stáhla. Jisto je také, že pozvání do vilky „Malá ale naše" už nebylo opakováno.

Na obranu skladatele Žilky nutno říci, že to nebyl slavoman usilující o světový věhlas Beethovena, ale dobrý český muzikant, vědomý si svých hranic a až nadmíru skromný a neprůbojný, jeho osudem se skutečně stala provinčnost. Jakýmsi nedopatřením se narodil o několik set let později, než měl, v sedmnáctém či osnáctém století by z něho byl zdatný regenschori nebo zámecký kapelník, skládající ve volných chvílích kasace, madrigaly či menuety. Moderní hudba ho děsila, vážná i taneční, a srdcem vždy zůstával u svých polek a valčíků.

Žilkově kapele konkurovala skupina Čepelákových „Melody-boys" se slavným saxofonistou Adou Čepelákem v čele, ale mezi kapelami nebylo zášti ani nenávisti, protože každá se obracela k

der Seiten die Stimme erhob und der auskühlende Hagebuttentee allmählich ausgetrunken wurde (zu Hause, in Anwesenheit seiner Frau, wagte der Kapellmeister nicht einmal, schwaches Bier zu sich zu nehmen!), geriet irgendwie die Beurteilung der Werke Žilkas in Vergessenheit, doch läßt sich annehmen, daß sich der schüchterne Komponist das Manöver des Onkels als indirekte Kritik auslegte, denn beim Abschiednehmen wirkte er traurig und besorgt und sein Mündchen zog sich noch mehr zusammen. Fest steht, daß die Einladung in die Villa „Klein aber mein" nicht wiederholt wurde.

Zur Verteidigung Žilkas muß gesagt werden, daß er nicht ruhmsüchtig war, nicht den Lorbeeren Beethovens nachstrebte, sich seiner Grenzen bewußt war — ein guter böhmischer Musikant, äußerst bescheiden und begnügt, das Schicksal der Provinzialität war ihm beschieden. Irgendwie aus Versehen wurde er um einige Jahrhunderte zu spät geboren; im siebzehnten oder achtzehnten Jahrhundert hätte er's zum trefflichen Regenschori oder zum Schloßkapellmeister gebracht, der in freien Stunden Madrigale, Ständchen oder Menuette vertont. Moderne Musik versetzte ihn in Schrecken, die ernste wie auch die Tanzmusik, im Herzen blieb er bei seinen Polkas und Walzern.

Žilkas Kapelle konkurrierte die Gruppe „Melody-boys", geleitet vom berühmten Saxofonisten Ada Čepelák, doch es herrschte weder Zwist noch Feindseligkeit zwischen den Kapellen, denn jede hatte ihren eigenen Kreis von Interessenten. Es erübrigt sich zu betonen, daß Žilka, wie die meisten Musikanten, politisch indifferent war, wer immer einen jinému okruhu zájemců. Netřeba ani zdůrazňovat, že kapelník Žilka byl jako většina muzikantů politicky indiferentní, hrál na plesech hasičů i sokolů a všech stran bez výjimky, a jistě ho ani ve snu nenapadlo, že se mu kamenem úrazu stane nikoliv nějaké moderní křepčení, jež ostatně patřilo do repertoáru „Melody-boys", ale starý valčík, dokonce král všech valčíků „Na krásném modrém Dunaji".

Nic netušící Žilka oddirigoval populární valčík na plese místní organizace KSČ, přijal s nahořklým úsměvem hlučný potlesk přítomných a nepřikládal žádný význam rušivému bouchnutí do stolu, které vydal soudruh Žáček, bývalý železničář, brzdař, nyní bezpečnostní referent MNV. Neštěstím Žáčka a tím celé obce byla nenasytná žízeň po vzdělání, kterou uspokojoval na všemožných druzích školení i vlastní studijní péčí. Polostrávené vědomosti pak vnucoval okolí, jež se ho právem obávalo, protože v jeho osobě se sloučil hrozivý amalgam bojovnosti, poctivosti, závisti a hlouposti. Běda osobě, na níž spočinula jeho zloba. A snad jedině strýc Jan jí odolal, i když jen se značnou dávkou štěstí.

Bouchnutí do stolu tu zastupovalo kategorický imperativ, jemuž se cítil povinován referent Žáček, a dal tak najevo, že naprosto nesouhlasí s předváděním reakčních skladeb na stranických plesech. Svůj názor na skladbu, která se hrála ve Vídni na oslavu vítězství kontrarevoluce 1848, sdělil soudruhům u stolu a rozhořčením zbledl a chvěla se mu brada. O přestávce se neprodleně vydal k Václavu Žilkovi a zvýšeným hlasem mu oznámil, že už dost těch pletich a jestli ještě jednou uslyší takový paskvil, požene celou věc dál a výš a následky ať si kapelník přičte sám!

Ball veranstaltete — die Feuerwehr, der Turnverein Sokol, die oder jene Partei — Žilka spielte auf, und nicht im Traum wäre ihm eingefallen, daß der Stein des Anstoßes nicht ein toller moderner Tanz sein wird — übrigens der gehörte zum Repertoire der „Melody-boys" —, sondern ein alter Walzer, sogar der König aller Walzer, „An der schönen blauen Donau".

Ahnungslos hatte Žilka eben den populären Walzer zu Ende gespielt, auf einem Ball, den die örtliche Organisation der Kommunistischen Partei veranstaltete, den lauten Beifall nahm Žilka mit etwas bitterem Lächeln entgegen und sah keinen Anlaß, dem störenden Schlag auf den Tisch Wichtigkeit beizumessen. Ursache des Schlags war Genosse Žáček, der ehemalige Bahnangestellte, der Bremswärter, zur Zeit Sicherheitsreferent des örtlichen Nationalrats. Das Unglück Žáčeks, und daher der ganzen Ortschaft, bestand in seinem unersättlichen Bildungshunger, den er auf aller Art Schulungen und durch sorgfältige Selbstbildung zu befriedigen suchte. Seine Kenntnisse, halbverdaut, zwang er dann seiner Umgebung auf, und die fürchtete ihn aus gutem Grunde, denn in seiner Person vereinte sich das drohende Amalgam aus Kampflust, Ehrlichkeit, Neid und Dummheit. Wehe dem, den sein Zorn traf. Nur Onkel Jan schien ihm zu widerstehen, wenn auch nur dank einer beachtlichen Portion Glück.

Der Schlag auf den Tisch repräsentierte da den kategorischen Imperativ, dem sich Referent Žáček verpflichtet fühlte, und somit legte er an den Tag, daß er entschieden gegen das Vorführen reaktionärer Musikwerke auf einem Parteiball sein. Seine Ansicht über diese

Jaký paskvil? zeptal se zrudlý a ponížený kapelník, který se domníval, že je tupeno jeho hudební umění, a hned připouštěl, že housle zněly velice slabě.

Ten váš modrej Dunaj, pravil Žáček, jehož potěšilo, že jedinou větou zdeptal kapelníka. Na místě poskytl Žilkovi historický výklad, při kterém Žilka otvíral ústa jako ryba lapající po vzduchu.

Doba byla v pohybu, dělo se všelicos, ale valčík a kontrarevoluce, to přesahovalo jeho obzor, i zavíral oči v naději, že sní, a v duchu se modlil k svaté Cecílii, aby to nebyla pravda. Byla to však pravda, svatá Cecílie zklamala, Žáček zde stál, upíral na něho černé pichlavé oči a drtil ho nepochopitelnými výrazy: formalismus, labužnické estétství, a končil větou, kterou patrně vyčetl z nějakého usnesení o hudbě: Hudebník musí mít citlivé ucho na politiku!

Citlivé ucho na politiku! Žilka dirigoval toho večera jak ve snách, v mysli se mu stále vracela Žáčkova věta, věděl, že se za ní skrývá hrozba, kterou nesmí podceňovat, ale zároveň cítil, že nemůže zklamat obecenstvo, bude-li si žádat svůj oblíbený valčík. Co teď a co dál? Všemocný Žáček může prosadit, aby mu odebral kapelnickou koncesi, a už viděl, jak jeho měkké prstíky svírají násadu krumpáče namísto taktovky.

Žilka chodil několik dnů jako mátoha, zmítán neřešitelným konfliktem mezi poslušností a povinností k obecenstvu. Radil se s příslušníky místní inteligence, ale každý jen krčil rameny, nakonec zašel i za konkurujícím kapelníkem Čepelákem, ale ten se jen usmál, Straussův valčík, to nebyla jeho starost.

Komposition, welche in Wien zur Feier des Sieges der Konterrevolution 1848 gespielt wurde, teilte er den Tischgenossen mit, und vor Entrüstung erbleichte er, sein Kinn zitterte. In der Pause ging er unverzüglich auf Václav Žilka zu und mit erhobener Stimme teilte er ihm mit, nun sei Schluß mit den Machenschaften, und sollte er noch einmal so einen Pasquill zu hören bekommen, werde er die Angelegenheit weiter und höher leiten, die Konsequenzen solle sich der Kapellmeister selbst zuschreiben!

Was für ein Pasquill? fragte der errötete und erniedrigte Kapellmeister, der eine Schmähung seiner Musikkunst vermutete, und sogleich gab er zu, daß die Geigen zu leise waren.

Diese Ihre blaue Donau, sagte Žáček, erfreut darüber, daß er mit einem einzigen Satz den Kapellmeister niedergeschmettert hatte. An Ort erteilte er Žilka eine historische Erläuterung, in deren Verlauf Žilka den Mund öffnete wie ein Fisch, der nach Luft schnappt. Die Zeit war bewegt, so manches passierte, doch ein Walzer und Konterrevolution, das überschritt seinen Horizont, und so schloß er die Augen in der Hoffnung, er träume, und im Geist betete er zur heiligen Cäcilia, es solle nicht wahr sein. Doch es war wahr, die heilige Cäcilia enttäuschte ihn, Referent Žáček stand da mit seinen schwarzen stechenden Augen und zermalmte ihn mit unbegreiflichen Ausdrücken: Formalismus, feinschmeckerischer Ästhetizismus, und endete mit einem Satz, den er wahrscheinlich aus einem Parteibeschluß über Musik entnommen hatte: Ein Musiker muß auch ein feinfühliges Ohr für Politik haben!

Vyser se na něj, pravil Čepelák, ale neupřesnil, koho vlastně míní.

Skutečné pochopení našel Žilka u strýce Jana a jeho slova zapůsobila, jako by ho mazal vonnými mastni.

To je blbost, prohlásil strýc bez dlouhého rozmýšlení.

To není blbost, namítl kapelník a v jeho hlase se chvěly slzy.

Je to blbost, trval na svém strýc. Dunajský valčík se hrál po porážce revoluce, ale rozhodující je přece, kdy to složil, ne?

Kapelník Žilka ničemu nerozuměl a nic nechápal.

Revoluce začala v březnu čtyřicet osm, ale to už byl valčík na světě, jenomže ve Vídni měli jiné starosti než hrát valčíky, ne?

Aha, začínal se domýšlet Žilka.

Aha, řekl strýc, takže to bylo složeno k oslavě revoluce!

A je to pravda? zeptal se Žilka odmítající věřit svému štěstí.

Třeba není, připustil velkoryse strýc, ale můžete to tvrdit. V nejhorším vám dokážou, že jste se mýlil, ale s dobrým úmyslem.

Ale jak to říct Žáčkovi?

Přesně tak, jak vám to povídám. A můžete dodat, že to byl oblíbený kousek Engelse.

A byl?

Samozřejmě! Píšou, že Bedřich vášnivě miloval tanec a výborně tančil. Je to v sebraných spisech. Mohl tančit i tango — tanec argentinských bordelů!

A Karel Marx?

Toho tam nepleťte, měl ploché nohy.

Jenomže…

Ukázalo se, že zbabělý Žilka nesebere sílu, aby se vypravil za Žáčkem do jámy lvové na národním výboru a přednesl své argumenty. Ale i tady si věděl strýc rady a

Ein feinfühliges Ohr für Politik! Žilka dirigierte an jenem Abend wie im Traum, Žáčeks Worte gingen ihm nicht aus dem Sinn, er wußte, da steckte eine Drohung, die nicht unterschätzt werden sollte, doch gleichzeitig fühlte er sich unfähig, das Publikum zu enttäuschen, soweit es sich den beliebten Walzer wünschen würde. Was nun, was weiter? Der allmächtige Žáček konnte den Entzug der Kapellmeisterkonzession veranlassen, und schon sah Žilka, wie seine weichen kurzen Finger den Krampenstiel statt Taktstock umklammern.

Die folgenden Tage verbrachte Žilka völlig geistesabwesend, zerrüttet vom unlösbaren Konflikt zwischen Gehorsam und Pflichtgefühl dem Publikum gegenüber. Er konsultierte die Angehörigen der örtlichen Intelligentsia, doch jeder zuckte die Achseln, schließlich suchte er den konkurrierenden Kapellmeister Čepelák auf, doch der lächelte nur — Straussens Walzer war seine Sache nicht.

Der ist 'nen Schiß wert, sagte Čepelák, doch präzisierte er nicht, wen er eigentlich meinte.

Wahres Verständnis fand Žilka bei Onkel Jan, und dessen Worte wirkten wie duftender Balsam.

So ein Quatsch, erklärte der Onkel, ohne lang nachzudenken.

Das ist kein Quatsch, widersprach der Kapellmeister, und in seiner Stimme bebten Tränen.

Es ist Quatsch, beharrte der Onkel auf seiner Meinung. Der Donauwalzer wurde nach der Niederlage der Revolution

sestylizoval obšírný dopis rozvíjející tezi o revolučním původu valčíku „Na krásném, modrém Dunaji", kterým, jak známo, ovobozený lid Vídně vyjadřoval svou radost nad odchodem zpátečníka Metternicha a rovněž radost z pohybu, základu to revoluční dialektiky. Dopis se bohužel nezachoval, ale lze s jistotou usoudit, že to bylo dílko znamenité eristiky, protože vzalo Žáčkovi dech i odvahu, k svému úžasu se dověděl, že v tříčtvrtečním taktu se otáčel už velký humanista Goethe a valčík sám je původně tancem utlačovaného selského lidu! Má snad pravdu Žilka? A i kdyby měl, Žilkova filipika svědčila, že hudebník zná spisy Bedřicha Engelse, které Žáček ještě nestačil prostudovat. Vylekalo ho také, že Žilka vybízí k veřejné diskusi o úloze valčíku v dějinách. Jako všichni polovzdělanci okamžitě znejistěl, když pocítil odpor druhé strany, věděl o mezerách ve svých znalostech a nemohl vyloučit, že neutrpí porážku, ostatně nevěděl o hudbě zhola nic, jen to málo o Straussově valčíku, a to nestačilo k diskusi na veřejném fóru.

Nemínil se ovšem vzdát a poslal písemný dotaz do ústředního orgánu, zda je či není přípustno, aby se na socialistických tanečních zábavách hrál i Straussův valčík „Na krásném, modrém Dunaji" a valčíky vůbec. V ústředním orgánu měli patrně jiné starosti, a tak mu odpověděli, že dotaz byl poslán k vyjádření příslušným místům a že dostane vyrozumění. Tón odpovědi byl chladný a Žáček, už dostatečně zběhlý v taktice, pochopil, že celá záležitost je odložena ad acta a že se nemůže opřít o vyšší autoritativní hlas, kterým by definitivně zdrtil Žilku. I rozhodl se postupovat, jak se zpravidla postupuje ve vyšších politických kruzích. Na Žilkův dopis neodpověděl,

56

gespielt, aber entscheidend ist doch, wann er komponiert wurde, stimmt's?

Der Kapellmeister Žilka verstand nichts und begriff nichts.

Die Revolution begann im März achtundvierzig, doch da war der Walzer schon geboren, nur hatten die in Wien andere Sorgen als Walzer zu spielen, stimmt's?

Aha, dämmerte es bei Žilka.

Aha, sagte der Onkel, so war er also zur Feier der Revolution komponiert!

Und stimmt's wirklich? fragte Žilka, dem es schwerfiel, seinem Glück zu trauen.

Vielleicht stimmt's nicht, gab der Onkel großzügig zu, doch Sie können es behaupten. Im schlimmsten Fall wird man Ihnen beweisen, daß Sie sich irren, aber im guten Glauben.

Aber wie soll ich's dem Žáček sagen?

Genau wie ich's Ihnen sag. Und hinzufügen können Sie, daß es ein Lieblingsstück von Friedrich Engels war.

Und war's so?

Natürlich! Friedrich war angeblich ein leidenschaftlicher Tänzer und er tanzte sehr gut. So steht's in den Gesammelten Werken. Auch der Tango war ihm bekannt, der Tanz der argentinischen Bordelle!

Und Karl Marx?

Den lassen Sie beiseite, der hatte Plattfuß.

Wenn aber…

Es war klar, daß der feige Žilka nicht die Kraft aufbringen wird, sich zu Žáček in die Löwenhöhle zu begeben und dort, im Nationalrat, die Argumente vorzutragen. Doch auch da wußte der Onkel Rat, und er verfaßte ein umfangreiches Schreiben, das die These vom revolutionären Ursprung des Donauwalzers ent-

tvářil se, jako by se nic nestalo, jako by kapelníkovi nikdy nehrozil, zato ho přátelsky pozdravil, když se náhodou střetli ve dveřích hostince U českého lva. Žilka si správně vyložil Žáčkovo chování, a tak byl valčík zachráněn pro tančící lid městečka N. a okolí…

Historka by dávno upadla do zapomnění jako tolik jiných, nebýt strýce Jana, který ji dával občas k dobrému, ovšem v upravené podobě, a zamlčel přitom svou účast. Žáčkovi se to doneslo a jeho zášť k strýci Janovi dále vzrostla a sehrála potom podstanou roli při zatčení strýce Jana. Kapelník Žilka byl kupodivu jeho zloby ušetřen (není vyloučeno, že ustrašený kapelník Žáčkovi prozradil, kdo byl autorem dopisu), dokonce mu začal projevovat přízeň a dával ho za příklad uvědomělého hudebníka se zdravým poměrem k hudebnosti našeho lidu na rozdíl od kosmopolitů z džezové kapely „Melody-boys". Zprvu jen blahosklonný vztah se později změnil ve skutečnou oblibu a svého druhu mecenášství, právě ze Žáčkova podnětu složil Žilka Pochod Sboru pro občanské záležitosti. Břeskné zvuky pochodu vítaly nové občánky do života, duněly při zlatých svatbách oslavovaných v budově MNV a doprovázely májové manifestace. Žáček se také zasloužil o to, že Žilkovo dílko se rozšířilo po celém okrese, větší slávu si Žilka ani nedovedl představit. Pozdně získané sebevědomí ho přimělo k tomu, aby dobrovolně nastoupil protialkoholickou léčbu u Apolináře, kde se stal dirigentem souboru vyléčených alkoholiků, a na oslavu vedoucího lékaře složil takzvanou Apolinářskou suitu. Přestal pít a kouřit, a to ho později sblížilo s paní Červenou, která v něm — i když mylně — spatřovala nadějného žáka J. Bradáče-Nežáreckého.

faltete, denn, wie bekannt, durch diesen Walzer hatten die Volksmassen Wiens ihre Freude zum Ausdruck gebracht über den Abgang des reaktionären Metternich, auch Freude, die durch Bewegung ausgelöst wird und Bewegung ist die Grundlage revolutionärer Taktik. Dieses Schreiben blieb leider nicht erhalten, doch es besteht kein Zweifel, daß es ein Werk vortrefflicher Eristik war, denn es beraubte Žáček des Atems und des Muts, sein Staunen galt der Mitteilung, daß im Dreivierteltakt sich schon der große Humanist Goethe gedreht hat und daß der Walzer an sich ursprünglich der Tanz des unterdrückten Bauernvolkes war! Hat Žilka womöglich recht? Und auch wenn er nicht recht hätte — Žilkas Philippika besagt, daß der Musiker die Werke Engels kannte, Žáček aber hatte bisher für derer Studium noch keine Zeit gefunden. Auch erschrak er über Žilkas Aufforderung, öffentlich die geschichtliche Rolle des Walzers zu diskutieren. Wie alle Halbgebildeten fühlte er sich unsicher, sobald er Widerstand der Gegenseite verzeichnete, er war sich seiner Bildungslücken bewußt, eine Niederlage war nicht auszuschließen, übrigens von Musik verstand er gar nichts, nur das Wenige über Straussens Walzer, und das reichte nicht für eine Diskussion auf öffentlichem Forum.

Die Waffen zu strecken war er jedoch nicht bereit, und so richtete er an das Zentralorgan die Anfrage, obe es gestattet sei oder nicht, Straussens Walzer „An der schönen blauen Donau" und Walzer überhaupt bei sozialistischen Tanzveranstaltungen zu spielen. Im Zentralorgan der Partei hatte man allem Anschein nach andere Sorgen, und so antwortete man ihm, die Anfrage wurde an die zuständigen Stellen weitergeleitet

Velkolepý biliár života si však nachystal ještě jedno překvapení, jež mohlo plně vychutnat jen pár zasvěcených. Už jsme se zmínili, že Žáček nepřežil urážku vmetenou mu do tváře mladým funcionářem. Příbuzní, kteří se mu na závěr života vyhýbali, protože je obtěžoval svým příběhem, se ještě jednou sešli, aby rozhodli o Žáčkově pohřbu. Vznikl spor, jakou píseň měl vlastně rád, ale nakonec se shodli na valčíku Na krásném, modrém Dunaji, a kapelník Žilka byl požádán, aby jej zahrál místo Pochodu padlých revolucionářů, který si přál Žáček, ale nikoliv příslušná místa. Jednalo se o zřejmé nedorozumění, příbuzní si vzpomněli, zě Žáček neustále mluvil o Modrém Dunaji, podrobnosti se vytratily a nabízel se jediný výklad: zesnulý nade vše miloval tento valčík, ať tedy za jeho vířivých tónů vejde na nebesa. Kapelník Žilka úkol přijal, upravil valčík do pohřební podoby a v jeho tříčtvrtečním taktu byla rakev spuštěna do hrobu. Strýci Janovi po celou dobu obřadu cukalo v koutcích, těžko říci, zda se mu chtělo plakat nebo smát. Patrně obojí.

und die werden ihn benachrichtigen. Der Ton der Antwort war kühl, und Žáček, in Sachen Taktik genügend geschult, begriff, daß die ganze Angelegenheit ad acta gelegt wurde, daß also keine autoritative, stützende Stimme zu erwarten sei. Daher entschloß er sich für die in höheren politischen Kreisen übliche Vorgangsweise. Er beantwortete Žilkas Brief nicht, tat, als wäre nichts geschehen, als hätte er den Kapellmeister nie bedroht, ja er grüßte freundlich, als er auf ihn im Eingang des Wirtshauses „Zum böhmischen Löwen" stieß. Von Seiten Žilkas wurde dieses Auftreten richtig ausgelegt, und so war der Walzer gerettet zugunsten der Tanzlustigen des Städtchens N. und dessen Umgebung…

Die Begebenheit wäre längst in Vergessenheit geraten, hätte Onkel Jan da nicht entgegengewirkt, indem er die Geschichte hie und da zum besten gab, jedoch in modifizierter Form, und seinen Anteil verschwieg er. Etliches gelang zu Žáčeks Ohren, sein Groll auf Onkel Jan steigerte sich und spielte später, als der Onkel verhaftet wurde, eine wesentliche Rolle. Der Kapellmeister Žilka blieb seltsamerweise vom Groll verschont (es ist nicht auszuschließen, daß der verängstigte Kapellmeister dem Žáček verraten hatte, wer der Verfasser des Briefes war), und allmählich genoß der Kapellmeister sogar die Gunst Žáčeks — so wurde er als musterhaftes Beispiel gepriesen, als Musikant mit gesunder, bewußter Beziehung zu den musikalischen Bedürfnissen unseres Volkes, im Gegensatz zu den Kosmopoliten der Jazzkapelle „Melody-boys". Das zunächst herablassende Verhalten wandelte sich später zu wahrer Beliebtheit und zu einer Art von Mäzenatentum: just auf Žáčeks Anregung komponierte

Žilka den Marsch der Körperschaft für bürgerliche Angelegenheiten. Die schmetternden Töne des Marsches hießen die neugeborenen Bürger des Städtchens willkommen, polternd feierten sie Goldene Hochzeiten im Gebäude des Nationalrats und begleiteten Manifestationen zu Ehren des Ersten Mai. Auch war es Žáčeks Verdienst, daß Žilkas Werk im ganzen Kreis Verbreitung fand, einen größeren Ruhm konnte sich Žilka gar nicht vorstellen. Das spät errungene Selbstbewußtsein veranlaßte ihn, sich freiwillig einer antialkoholischen Kur zu unterziehen, und zwar in der Prager Apollinaris-Anstalt, wo er als Dirigent der gesunden Alkoholiker wirkte, und zu Ehren des Chefarztes vertonte er die sogenannte Apollinaris-Suite.

Das grandiose Billard des Lebens bereitete jedoch eine weitere Überraschung, die voll auszukosten nur einigen Eingeweihten vergönnt war. Wie schon erwähnt, überlebte Žáček nicht die Beleidigung, die ihm ein junger Funktionär ins Gesicht geschleudert hatte. So versammelten sich noch einmal Žáčeks Verwandten, um über das Begräbnis zu beraten. Gestritten wurde um die Frage, welches Lied ihm eigentlich nahestand, und schließlich einigte man sich, daß es der Donauwalzer war. So wurde Kapellmeister Žilka aufgefordert, diesen zu spielen, anstelle des Trauermarsches für die gefallenen Revolutionäre, den sich Žáček gewünscht hatte, nicht aber die zuständigen Stellen. Es ging offensichtlich um ein Mißverständnis, die Verwandten erinnerten sich, daß Žáček dauernd von der Blauen Donau sprach, Einzelheiten hatten sich verflüchtigt, und es bot sich eine einzige Erklärung an: Der Verblichene liebte diesen Walzer über alles, so soll er denn bei dessen

wirbelnden Tönen gen Himmel fahren. Kapellmeister Žilka nahm die Aufgabe an, bearbeitete diesen Walzer, verlieh ihm Beerdigungsgestalt, und beim Dreivierteltakt wurde der Sarg in die Erde versenkt. In Onkel Jans Mundwinkeln zuckte es während der ganzen Zeremonie, schwer zu sagen, ob er dem Weinen oder dem Lachen nahe war. Wahrscheinlich beidem.

Übersetzung Františka Faktorová

Barbara König

Die verpaßte Chance
Promeškaná šance

Meine sieben Jahre im Dritten Reich, von denen sechs Jahre Schulzeit waren, begannen so, wie sie endeten: mit einer Flucht nach Deutschland. Es war September 1938 im deutsch-böhmischen Reichenberg, der Einmarsch der Hitlertruppen stand bevor, Schießereien mit den Tschechen waren zu befürchten, und Frauen mit Kindern wurde angeboten, die turbulente Zeit im Reich zu verbringen. Mama, reiselustig wie immer, hatte zugegriffen. Ich war knapp dreizehn Jahre alt, ein Jahr jünger als mein Bruder.

Ich hatte gehofft, das flotte Deutschland zu finden, das ich aus Romanen kannte, doch die zwei Wochen, die wir im Sauerland verbrachten, erschienen mir wie ein mißglückter Ferienaufenthalt: Schöne Gegend, blauer Himmel, aber spartanische Unterkunft, Pfefferminztee, Kartoffelernte, jung-deutsche Erbauungsbücher, dazwischen Nachrichten aus dem Volksempfänger, umbraust von tosendem Jubelgeschrei: Das waren unsere zurückgebliebenen Landsleute, die den Einmarsch der Befreier begrüßten — das Sudetenland war heimgekehrt ins Reich.

Ich wußte, daß wir Grund zum Jubel hatten, weil wir Deutsche waren, Teil einer von den Tschechen benachteiligten Minderheit. Daß ich außerdem je eine tschechische und eine halb ungarische Großmutter hatte (dazu einen nicht

Mých sedm let ve třetí říši, z toho šest školní docházky, začalo tím, čím skončilo: útěkem do Německa. Bylo to v září 1938 v německočeském Liberci, krátce před vpádem Hitlerových jednotek, hrozila obava z přestřelek s Čechy a ženám s dětmi bylo nabídnuto strávit tuto dobu v říši. Máti, nadšená cestovatelka, se chopila příležitosti. Mně bylo s bídou třináct, o rok méně než bratrovi.

Doufala jsem, že naleznu to rozmarné Německo, jaké jsem znala z románů, ale dva týdny strávené v Sauerlandu mi připadaly jako nepodařené prázdniny: Překrásná krajina, modré nebe, ale spartánské ubytování, mátový čaj, sběr brambor, výchovné knížky pro německou mládež, do toho zprávy z rádia v burácení jásotu a nadšení: to krajané doma zdravili příchod osvoboditelů — Sudety se vrátily do říše.

Věděla jsem, že máme důvod k oslavě, protože jsme Němci, část Čechy opomíjené menšiny. Že jsem navíc měla jednu českou a jednu napůl maďarskou babičku/k tomu neznámého dědečka/a že mí rodiče vyrůstali ještě jako občané Rakousko-Uherska, to mě netrápilo, já měla jiné problémy. Přede dvěma lety mi zemřel otec, vzal si život a nikdo nevěděl proč. S ním zapadlo naše malebné dětství, frýdlantský park, koně, kuchařka Katka a šofér Bürger. Všechnu svou energii jsem vynakládala na to, abych se vpravila do nového postavení: poloviční sirotek ve skrovných poměrech.

In Dobříš. V. l.: / Na Dobříši. Zleva: Rudolf Mayer-Freiwaldau, Gert Heidenreich, Josef Hrubý, Barbara König, Ivan Binar, Gerd Holzheimer, Ota Filip

bekannten Großvater) und daß meine Eltern noch als k. u. k. Österreicher aufgewachsen waren, kümmerte mich nicht, ich hatte andere Probleme. Zwei Jahre zuvor war mein Vater gestorben, er hatte sich das Leben genommen, keiner wußte, warum. Mit ihm war unsere malerische Kindheit versunken, der Friedländer Park, die Pferde, Kati, die Köchin, und Bürger, der Chauffeur. Seither hatte ich alle meine Energien auf den Versuch verwendet, mich auf meinen neuen Status einzustellen: Halbwaise in bescheidenen Verhältnissen.

Nun plötzlich kam Entlastung von außen, die Umwelt war in Bewegung geraten, wohin, das war nicht meine Sache; gespannt sah ich die Fahnenpracht, die uns bei unserer Heimkehr überraschte, hörte die triumphale Marschmusik und

A úleva přišla zvenčí, svět kolem se dostal do pohybu, kam, to se mne netýkalo; vzrušeně jsem si prohlížela vlajkoslávu, která nás po návratu překvapila, naslouchala triumfálním pochodům a očekávala víc, jako člověk s bolavým zubem, který sedí v kině a doufá v napínavý děj, aby tak zapomněl na své trápení.

Událo se leccos, senzace žádné. Vynořili se noví učitelé i spolužáci, podle kadence řeči říšští Němci, staří známí náhle oblékali uniformu, v níž vypadali cize. Učitelé začínali hodinu se vztaženou paží a třída měla odpovídat hlasitým „heil Hitler". Jako cizí řeč jsem si osvojovala nový slovník stranického výraziva.

Že vedle četných nových tváří zmizela leckterá jiná, jsem téměř nepostřehla.

63

wartete auf mehr; wie ein Mensch, der mit Zahnweh im Kino sitzt und auf eine atemberaubende Handlung hofft, um seinen Schmerz zu vergessen.

Vieles geschah, doch nichts Sensationelles. Neue Lehrer und Mitschüler tauchten auf, die an ihrem Tonfall als Reichsdeutsche zu erkennen waren, alte Bekannte trugen plötzlich Uniformen, die sie fremd erscheinen ließen. Die Lehrer begannen den Unterricht mit ausgestrecktem Arm, und die Klasse hatte mit einem lauten „Heil Hitler!" zu antworten. Wie eine Fremdsprache lernte ich ein neues Vokabular an Parteiausdrükken.

Daß neben den vielen neuen Gesichtern manches andere verschwunden war, merkte ich kaum. Die Freunde meines Vaters aus der „Schlaraffia" zum Beispiel, ein ganz bestimmter Typ in Stadtpelz und Melone, die wie er die Dohle lüfteten und einander mit „Lulú" begrüßten — diese Freunde hatte ich schon mit Papas Tod aus den Augen verloren, ich wußte nicht, daß sie erst jetzt wirklich gegangen waren.

Wir wechselten die Schule; zusammen mit den anderen Mädchen zog ich aus dem gemischten Realgymnasium in die neue Oberschule für Mädchen. Daß dieser Zeitpunkt ausgerechnet mit der ersten großen BDM-Welle zusammenfiel, war mein Pech. Noch war es nicht Zwang, sondern eine Ehre, in diesen Bund aufgenommen zu werden, die Mädchen rissen sich darum, man sprach von Rangabzeichen, Knoten und Schnürchen. Ich war durchaus bereit dazuzugehören, und ich hätte auch dazugehört, wenn nicht zweierlei mich davon abgehalten hätte: Das erste waren

Kupříkladu otcovi známi ze Spolku přátel umění, výrazný typ v kožichu a buřince, kteří se stejně jako on zdravili nadzdvihnutím klobouku a slovy „lulú" — tyto přátele jsem ztratila z očí zároveň s otcovou smrtí a netušila jsem, že teprv teď skutečně odešli.

Změnily jsme školu, společně s ostatními děvčaty jsem přešla ze smíšeného reálného gymnázia do nové vyšší dívčí. Měla jsem smůlu, že se to odehrálo současně s první velkou vlnou zakládání BDM, Svazu německých dívek. Být přijat do svazu nebyla ještě nutnost, nýbrž čest, o kterou se děvčata rvala, vedly se řeči o odznacích, uzlech a šňůrkách. S chutí bych tam vstoupila a byla bych to také udělala, kdyby mně nezbraňovaly dvě věci: především to byly výrazně rytmické písně, které kalily rozum, efekt, který ve mně budil vzdor: o tohle kouzlo jsem nestála, vždyť jsem teprv nedávno objevila vlastní mozek. Druhým bodem byla téměř nevýslovná nuda, která patřila k vlasteneckým „večírkům" a mně naháněla úzkost. Ať už šlo o národní ideály, rasové smýšlení či věrnost vůdci — celek měl odér neochvějné poslušnosti, což se mi z duše protivilo; víckrát jsem tam nešla.

Ačkoliv jsem selhala ve spolkovém životě, na mém dobrém vztahu ke spolužačkám, ať byly ve svazu či ne, se nic nezměnilo. Nikdo se nepokusil mě ovlivňovat a nikdo ani nevyloučil z třídního společenství naši jedinou židovskou spolužačku. Zdálo se, že politický postoj je stále ještě věcí soukromou. To se týkalo i učitelek. Že většina z nich nosila stranický odznak, mi bylo lhostejné. Hlavně když dokázaly zaujmout či aspoň byly sympatickè.

die sehr rhythmischen Lieder, die den Verstand benebelten, ein Effekt, der mich widerspenstig machte: ich wollte diesen Zauber nicht, ich hatte ja gerade erst mein Hirn entdeckt. Der zweite Punkt war die schier unaussprechliche Öde, die von den „Heimabenden" ausging und mich beängstigte. Ob es um völkische Ideale, Rassendenken oder Führertreue ging — das Ganze strömte einen Geruch selbstgerechter Bravheit aus, der mir zutiefst widerstrebte; ich ging nicht mehr hin.

Obwohl ich im Gruppenleben versagt hatte, blieb mein gutes Verhältnis zu den Mitschülerinnen bestehen, ob sie im BdM waren oder nicht. Niemand versuchte, mich zu beeinflussen, genausowenig wie unsere einzige jüdische Mitschülerin aus der Klassengemeinschaft ausgeschlossen wurde. Politische Einstellung, so schien es, war immer noch Privatsache. Das betraf auch die Lehrerinnen. Daß die meisten von ihnen Parteiabzeichen trugen, war mir gleichgültig, wenn sie nur fesselnd waren oder zumindest sympathisch.

Die Frau, deren Ehrgeiz darin zu liegen schien, die Grundsätze des NS-Regimes so getreu wie möglich auf unsere Schule zu übertragen, die uns zu Führerreden im Turnsaal versammelte und unseren Blick auf das allgegenwärtige Hakenkreuz lenkte, war Dr. K., die Direktorin. Sie war eine starke Persönlichkeit. Groß, ein wenig vorgeneigt, das graumelierte Haar zu einem unordentlichen Knoten aufgesteckt, ein Paket Bücher unter dem Arm, von einer losen Strickweste umweht, die hellen, scharfen Augen überall, so fegte sie durch die Gänge unserer Schule, und wenn sie den Arm zum Führergruß hochriß, dann war das mehr als

Ženou, jejíž ctižádost zřejmě směřovala k tomu, aby do naší školy co nejvěrněji vnesla zásady nacistického režimu, která nás svolávala do tělocvičny při příležitosti vůdcových projevů a před oči nám stavěla všudypřítomný hákový kříž, byla naše ředitelka, doktorka K. Silná osobnost, vysoká, trochu schýlená, prokvétající vlasy nedbale stažené do uzlu, s balíčkem knih pod paží, s volně povívající pletenou vestou a světlýma, ostrýma očima, kterým nic neuniklo, pobíhala po školních chodbách a její heilování nebylo pouhé gesto, to byla autorita. Stovkám děvčat nejspíš naočkovala pokřivený názor na svět, který jako dlouhodobě působící jed jim ještě roky i celá desetiletí dával co proto, a přece, což bylo absurdní, byla to právě ona, která mě naučila pochybám, tedy prvnímu kroku k vědomé kritice.

Měli jsme ji na němčinu, v níž jsem excelovala. A ona mi dodávala odvahy. Povzbuzovala mě v psaní básniček i v tom, co nazývala mým kritickým myšlením, chválila mé úlohy, i když opomíjely nacionální téma, podporovala mě v růstu. A pak se přihodila ta záležitost s domácí kompozicí. Na postavě velkého muže německých dějin jsme měli zpodobit národní rysy, vlastenectví, energii a co já vím. Chtěla jsem původně zvolit Bismarcka, který mi pak připadal příliš časově náročný, a tak jsem si vybrala Hitlera. Na tuhle pečlivě vypilovanou umělou figuru se dala bezpracně navěsit jakákoli německá ctnost, postačilo mi reprodukovat, co jsem slyšela z vlastních úst ředitelky. Tím víc jsem užasla, když mě po konci příští hodiny zavolala ke katedře. Můj sloh ležel před ní. Počkala, až ostatní odejdou, položila dlaň na sešit a zeptala se: „Proč jsi to napsala?" Nedokázala jsem odpovědět. „Právě ty,"

eine bloße Geste, dann war das Autoriät. Wahrscheinlich hat sie Hunderten von Mädchen das Zerrbild einer Weltanschauung vermittelt, das ihnen wie ein hartnäckiges Gift noch Jahre und Jahrzehnte zu schaffen machen sollte, und doch, absurd genug, war sie es, die mich das Zweifeln lehrte, den ersten Schritt zur bewußten Kritik.

Wir hatten sie in Deutsch, und Deutsch war mein Glanzfach. Sie förderte mich. Sie ermutigte meine kleinen Gedichte und das, was sie mein kritisches Denkvermögen nannte, sie lobte meine Arbeiten, auch wenn sie das nationale Thema verfehlten, sie ließ mich wachsen. Dann geschah die Sache mit dem Hausaufsatz. Wir sollten an einem großen Mann der deutschen Geschichte die nationalen Wesenszüge darstellen, Vaterlandsliebe, Willenskraft und wie sie alle hießen. Ich weiß, daß ich zuerst Bismarck nehmen wollte, ihn aber dann zu zeitraubend fand und statt seiner Hitler wählte. An dieser sauber ausgesägten Kunstfigur war jede deutsche Tugend mühelos aufzuhängen, ich brauchte ja nur wiederzugeben, was ich aus der Direktorin eigenem Munde wußte. Um so erstaunter war ich, als sie mich nach der nächsten Stunde an ihr Pult rief. Vor ihr lag mein Aufsatz. Sie wartete, bis die anderen gegangen waren, legte die Hand auf das Heft und fragte: „Warum hast du das geschrieben?" Ich wußte keine Antwort. „Ausgerechnet du", sagte Dr. K., schüttelte den Kopf, stand auf und ging.

Dieses knappe Wort löste in mir Gedanken aus, die ich bis dahin vermieden hatte. Eine Lawine unterdrückter Wahrnehmungen und Erinnerungen brach über mich herein, eine Zeit der Verwir-

řekla doktorka K., potřásla hlavou, povstala a odešla.

To stručné konstatování ve mně probudilo dosud potlačované myšlenky. Zavalila mne lavina vytěsněných vjemů a vzpomínek, nastal čas zmatku. Jakpak to bylo? Hořel židovský kostel a nám namluvili, že to bylo „povstání německé krve proti židovským prznitelům národa". Věděla jsem, že to není pravda, protože můj bratr se nějakou dobu před požárem stal náhodným svědkem toho, jak hasiči obkládají kupoli synagógy koudelí; kromě pár ohromených diváků neexistovalo jiné publikum, o povstání nemohlo být ani řeči. Přijala jsem tuto lež a nezajímala se o nic jiného než o otázku: Co asi cítí hasič nucený oheň zakládat, a ne ho hasit?

A pak tu bylo tolik nesrovnalostí; sousedé si šeptali: Ten a ten vyprávěl politický vtip, ten a ten byl zatčen. — Jeden hitlerjunge udal své rodiče, ti byli posláni do Budyšína, trestnice v Budyšíně byla proměněna v koncentrační tábor. To slovo mi bylo nové, a jistou dobu jsem si myslela, že se jedná o tábor, v němž jsou nepřátelé režimu vedeni ke koncentraci, tzn. ke zmoudření.

Matčina česká sestřenice přijela z Prahy a vyprávěla o hromadném zatýkání: gestapo zavírá nejen Čechy, ale i německé emigranty. — Co tomu říkáte? — Máti pravila: „Ještě štěstí, že otec už nežije, ten by mlčet nedokázal, toho by byli odvedli už dávno."

Další zmatení: starší židovští manželé z našeho domu, někdejší majitelé lahůdkářství, mohli vysedávat na lavičce v zahradě vlastníka domu, protože jim bylo zakázáno používat „lavičky pro

rung begann: Wie war das? Der Judentempel hatte gebrannt, und man hatte uns weisgemacht, daß dies ein „Aufstand deutschen Blutes gegen die jüdischen Volksverderber" gewesen sei. Ich wußte, daß das nicht stimmte, denn mein Bruder hatte Stunden vor dem Brand zufällig mit angesehen, wie Feuerwehrleute Schlangen aus Werg um die Kuppel der Synagoge legten; außer eine paar verblüfften Zuschauern hatte es kein Publikum gegeben, von Aufstand konnte keine Rede sein. Ich hatte diese Lüge hingenommen und mich nur für die Frage interessiert: Was fühlt ein Feuerwehrmann, der gezwungen ist, Feuer zu legen, statt es zu löschen?

Da war so viel Ungereimtes; Nachbarn flüsterten Gerüchte: Soundso hatte einen politischen Witz erzählt, Soundso war verhaftet worden. — Ein Hitlerjunge hatte seine Eltern denunziert, die Eltern wurden nach Bautzen gebracht. Das Zuchthaus Bautzen sei in ein Konzentrationslager umgewandelt worden. Das Wort war mir neu, und eine Zeitlang glaubte ich, es handele sich dabei um ein Lager, in dem die Gegner des Regimes zur Konzentration, d.h. zur Besinnung gebracht werden sollten.

Mamas tschechische Cousine kam aus Prag und berichtete von Massenverhaftungen durch die Gestapo: Sie hatten nicht nur Tschechen, sondern auch emigrierte Deutsche mitgenommen — Was sagt ihr jetzt? — Mama sagte: „Ein Glück, daß euer Vater nicht mehr lebt, der hätte nie den Mund gehalten, den hätten sie längst abgeholt."

Verwirrung: Das ältere jüdische Ehepaar in unserem Haus, ehemalige Besitzer eines Delikateßgeschäftes, durfte auf árijce". To ale pobouřilo naši domovnici, nacistku, tlustou, veselou osobu, od níž by takovou přehorlivou vážnost nikdo neočekával; nikdo z nás neprotestoval. A lavička se zakrátko opět uprázdnila. Byla to přízračná prázdnota, viděla jsem ji na vlastní oči, ale pak jsem je rychle odvrátila.

Chaos vzrůstal, špatně jsem spala a mé velice nevyrovnané výkony ve škole ještě poklesly. Zvenčí pomoc nepřicházela. Můj na slovo skoupý bratr přišel s průpovídkou: „Right or wrong, my country." To pomohlo, na pár minut. A máti, sužovaná komplikovanými otázkami, odpovídala jen povzdechem: „Všude jsou takoví a makoví, musíš to rozlišovat." Pokoušela jsem se o to a lidstvo se mi rozpadalo v jednu půlku za druhou: dobří Němci a špatní Němci, špatní Němci a zlí Němci; Němci a Češi, árijci a židi; němečtí židé a čeští árijci? A k tomu bezpočet výjimek. Co zbylo, byl — případ od případu — jednotlivec. A ten se zas rozpadal na polovice…

Do této zoufalé snahy o orientaci mé čtrnáctileté existence vpadl velký dar Štěstěny oněch let, který zpočátku vypadal jako neštěstí: nemoc. Nejdřív dvě dětské nemoci naráz, spála a záškrt, potom záchvat kloubního revmatismu a posléze smrtelné nebezpečí, srdeční kolaps a pak ještě jeden, bylo se co obávat nejhoršího. Mezitím vypukla válka, dozvěděla jsem se to jen mimochodem, lékaři mi zakázali poslouchat rozhlas i číst, téměř se mě to netklo, jen jsem tak blaženě civěla do prázdna, s nevysvětlitelným, ale zcela nepochybným pocitem, že jsem zachráněna.

Když jsem se po pěti měsících, slabá jak moucha, zase vrátila do školy, měla jsem v kapse dvě důležitá potvrzení. Jedno mě

der Bank im Privatgarten der Haus-eigentümerin sitzen, weil ihm die Be-nutzung der „Arierbänke" untersagt war. Doch nun empörte sich die NS-Hauswartsfrau, eine dicke, lustige Per-son, der man solch eiferndem Ernst nie zugetraut hätte; keiner von uns wider-sprach. Kurz darauf stand die Bank wie-der leer. Es war eine gespenstische Leere, ich sah es, aber ich sah auch schnell wieder fort.

Das Chaos wuchs, ich begann schlecht zu schlafen, meine ohnehin sehr un-gleichmäßigen Leistungen in der Schule sanken ab. Von außen kam keine Hilfe. Mein wortkarger Bruder brachte einen Spruch nach Hause: „Right or wrong, my country". Das half, doch nur für fünf Minuten. Und Mama, mit komplizierten Fragen bedrängt, hatte nichts als einen Seufzer: „Es gibt eben überall solche und solche, man muß das trennen." Ich versuchte, zu trennen, und die Mensch-heit zerfiel mir in Hälften über Hälften: gute Deutsche und schlechte Deutsche, schlechte Deutsche und böse Deutsche; Deutsche und Tschechen, Arier und Juden; jüdische Deutsche und arische Tschechen? Dazu noch die zahllosen Ausnahmen. Was blieb, das war, von Fall zu Fall, der einzelne. Der wiederum zerfiel in Hälften über Hälften…

Mitten in diesen verzweifelten Orientie-rungsversuch meiner vierzehnjährigen Existenz hinein fiel der große Glücksfall dieser Jahre, der anfangs wie ein Un-glück aussah: ich wurde krank. Zunächst war es eine doppelte Kinderkrankheit, Scharlach mit Diphtherie, dann ein An-fall von Gelenkrheumatismus, danach die tödliche Gefahr, ein Herzkollaps und noch einen Herzkollaps, man mußte das Schlimmste befürchten. Inzwischen war

osvobodilo ze služby v BdM, která od vypuknutí války nebyla už ctí, nýbrž povinností. Druhé mě uchránilo dalšího „tělesného posilování", jež by pro mne znamenalo denní přemáhání a navíc čet-ná odpoledne na předměstském spor-tovišti.

Dvě následující léta byla nejšťastnější z celé školní docházky. Náhle jsem byla volná. Úkoly jsem si psala ve škole, za-tímco ostatní cvičili a pochodovali, od-poledne jsem četla, psala dlouhé básně a chodila na filmy UFA. A především: měla jsem alibi, ba povinnost, abych se starala výhradně o své zdraví a o nic jiného.

Bezpříkladně brutální skutečnost mě vytrhla z tohoto snu: bylo léto 1942, na-cisti se hrůzně mstili za atentát na Hey-dricha, všechno spojení s Prahou se přerušilo, Čechy se topily v krvi. Teror zasáhl rovněž nás. Máti byla bezod-kladně obeslána na Úřad pro rasu a ná-rodní zdraví. Tam jí oznámila jistá lé-kařka, nepokrytě fanatická nacistka — dr. Bahrová se jmenovala, na některá jména se nezapomíná — že můj dosud neznámý dědeček z otcovy strany byl maďarský žid a že studium na univerzitě nepřichází v úvahu.

Tato výhrůžka mě vlastně vyburcovala víc než matčino rozrušení. Liberecké úřady mne odkázaly na Říšský bezpeč-nostní úřad pro rasu a osidlování. Roz-jela jsem se do Berlína. Tato cesta mě poprvé v životě přivedla do města, o němž jsem od dětství snila, a současně mi předvedla, co je na dlouhou dobu zničilo: aparát násilí.

Když jsem se po třech dnech vrátila domů, bylo předčasné rozhodnutí li-

der Krieg ausgebrochen, ich erfuhr es nur nebenbei, denn Radiohören wie Lesen war mir von den Ärzten verboten, es berührte mich kaum, ich döste glücklich vor mich hin, auf eine nicht erklärbare, doch völlig zweifelsfreie Art wußte ich mich gerettet.

Als ich fünf Monate später auf schwachen Füßen wieder zur Schule ging, hatte ich zwei wichtige Atteste in der Tasche. Das erste befreite mich vom Dienst der BdM, der seit Kriegsausbruch keine Ehre mehr war, sondern Pflicht. Das zweite ersparte mir jede weitere „Leibesertüchtigung", die mich eine tägliche Überwindung gekostet hatte und noch dazu viele Nachmittage auf dem Sportfeld vor der Stadt.

Die nächsten beiden Jahre waren die glücklichsten meiner Schulzeit. Ich war auf einmal frei. Hausaufgaben machte ich in der Schule, während die anderen turnten und marschierten; an den Nachmittagen las ich, schrieb seitenlang Gedichte und sah mir Ufafilme an. Und vor allem: Ich hatte ein Alibi, ja die Verpflichtung, mich um meine Gesundheit zu kümmern, und um sonst nichts.

Eine beispiellos brutale Wirklichkeit riß mich aus dem Traum: Es war Sommer 1942, die Nazis nahmen ihre furchtbare Rache für das Attentat auf Heydrich, alle Verbindungen nach Prag rissen ab, Böhmen schwamm im Blut. Gleichzeitig zeigte sich der Terror auch für uns. Unvermittelt wurde Mama auf das Amt für „Rasse und Volksgesundheit" befohlen. Dort eröffnete ihr eine offenbar fanatische Nazi-Ärztin — sie hieß Dr. Bahr, manche Namen merkt sich —, daß mein bisher unbekannter Großvater väterlicherseits ein ungarischer Jude

berecké pobočky sice stornováno/dědečka zaměnili s jeho advokátem/, zato mě však posedl děs, jehož jsem se léta nedokázala zbavit. Do konce školní docházky mi zůstala díky mým potvrzením zachována volnost, já ji však už nedokázala zplna využít; naučila jsem se bát.

V únoru 1944 jsem po kvapné válečné maturitě opustila školu. Místo pracovního nasazení v říši jsem byla přidělena tiskovému oddělení péče o veřejné blaho národně socialistické strany. Mým úkolem bylo zpravodajství o dětských rekreačních pobytech, nově otevřených školkách a podobně. Po týdnu jsem četla v novinách oznámení ředitelství nemocnice: „Hledá se učitel němčiny pro zahraničního spolupracovníka". Přihlásila jsem se.

Dr. J. byl Ukrajinec s hodností odpovídající německému majoru. Naše hodiny němčiny se konaly na infekčním oddělení nemocnice, jež vedl. Neměla jsem strach ze spály ani ze záškrtu, vůči oběma jsem byla imunní. Ne však už vůči lásce. Započala krátká, náruživá romance, pro mne provázená mukami žárlivosti od té doby, co dr. J. potají trávil celá půldne a večery v Praze. Ke své hanbě musím přiznat, že jsem byla šťastná, když začátkem září 1944 doktora J. a zakrátko i mne zatklo gestapo a já při mnohahodinových výsleších pochopila, že důvodem pražských návštěv mého přítele nebyla v žádném případě soupeřka, nybrž že šlo „jen" o politické kontakty. Jakého druhu toto spojení bylo, nedozvěděla jsem se ani během následujících pěti a půl měsíců vazby. Zato se mi ozřejmilo — za běsnění pověstného rasa, vrchního strážmistra Wichtla v liberecké Laufergasse — že jsem se konečně z pochybovače a příliš pasívního oportunisty

gewesen sei, nach Lage der Dinge komme ein Universitätsstudium für uns nicht in Frage.

Es war diese Drohung, mehr noch als Mamas Verstörtheit, die mich wach machte. Die Behörden in Reichenberg verwiesen mich an das „Reichssicherheitshauptamt für Rasse und Siedlung". Ich fuhr nach Berlin. Diese Reise führte mich zum ersten Mal in die Stadt, von der ich seit meiner Kindheit träumte, und zeigte mir, gewissermaßen im selben Atemzug, was sie so nachhaltig zerstört hatte: den Apparat der Gewalt.

Im Februar 1944 verließ ich die Schule nach einem eiligen Kriegsabitur. Anstelle des Reichsarbeitsdienstes wurde ich der Pressestelle der NS-Volkswohlfahrt zugeteilt; meine Aufgabe war es, über die Lager der Kinderlandverschickung, neu eröffnete Kindergärten und ähnliches zu berichten. Eine Woche später schon las ich in der Zeitung eine Anzeige der Krankenhaus-Direktion: „Deutschunterricht für ausländische Mitarbeiter gesucht". Ich meldete mich.

Dr. J. war Ukrainer, im Range eines deutschen Majors. Unsere Deutschstunden fanden in der Infektionsabteilung des Krankenhauses statt, deren Leiter er war. Ich hatte keine Angst vor Scharlach und Diphtherie, ich war gegen beides immun. Wogegen ich nicht immun war, das war die Liebe. Eine kurze, heftige Romanze begann, die sich für mich bald mit den Qualen der Eifersucht mischte, als Dr. J. anfing, mit allen Zeichen der Heimlichkeit halbe Tage und ganze Abende in Prag zu verbringen. Zu meiner Schande muß ich gestehen, daß ich glücklich war, als Anfang September 1944 Dr. J. und kurz darauf ich von der

stala nepřítelem režimu. To však už nebylo žádné umění, svou šanci jsem promeškala a nadále mi nezůstal než palčivý obdiv vůči všem, kteří jsou dostatečně citliví, aby rozpoznali bezpráví i tehdy, jeví-li se jako „povinnost", a dostatečně zmužilí, aby reagovali i tam, kde nejsou sami bezprostředně postiženi.

Přeložila Michaela Jacobsenová

Gestapo verhaftet wurden und ich in stundenlangen Verhören begriff, daß es sich bei den Prager Visiten meines Freundes keineswegs um eine Rivalin, sondern „nur" um politische Verbindungen gehandelt hatte. Welcher Art diese Verbindungen waren, sollte ich auch während der folgenden fünfeinhalb Monate meiner Haft nicht erfahren. Was mir dagegen klar wurde, das war — unter dem Gebrüll des berüchtigten Leuteschinders Hauptwachtmeister Wichtl in der Reichenberger Laufergasse —, daß ich, endlich, vom Zweifler und allzu passiven Resistenzler zum Gegner des Regimes geworden war. Aber da war es kein Kunststück mehr, meine Chance hatte ich verpaßt, mir blieb — und bleibt — nichts als die brennende Bewunderung für alle, die sensibel genug sind, das Unrecht zu erkennen, selbst da, wo es als „Pflicht" erscheint, und mutig genug, zu reagieren, auch dort, wo sie selbst nicht unmittelbar betroffen sind.

Josef Nesvadba

Weißbrunnen in der Vergangenheit
Předminulé Vary

Nach Weißbrunnen kam ich am späten Abend, ich war ohne Pause und ohne Essen gefahren, und wunderte mich selbst darüber. In den letzten Tagen beherrschte mich Müdigkeit und Langeweile, eine Stimmung, die der meiner Umwelt glich. Doch heute war ich aufgeregt wie schon lange nicht mehr.

Aus der Ferne sah die Stadt aus wie einst. Sie liegt zu Füßen des Erzgebirges. Wenn man vom Vulkangebiet des Böhmischen Mittelgebirges — bis dorthin sieht die Landschaft tschechisch aus — herabkommt, ist man auf einmal im Ausland. Das war zumindest damals mein Eindruck. In dieser Talsohle zwischen zwei Gebirgen lag ein Kohlenbecken, wo schon im Mittelalter gefördert wurde, und das deutsche Bergleute, die ersten Bewohner der hiesigen Städte, herbeilockte. Als wir nach dem Kriege hierherkamen, fanden wir einen einzigen tschechischen historischen Namen auf dem Marktbrunnen. Irgendwann im dreizehnten Jahrhundert hütete der Hirte Nika seine Schweine, eines wühlte den Boden tiefer auf und so entdeckte man die Quelle, die die Tradition des Heilbades Weißbrunnen begründete. Als Kurort bildete Weißbrunnen eine Ausnahme, in den Nachbarstädten wurde Kohle gefördert. Hier war ein zusammenhängendes dichtes Siedlungsgebiet entstanden, das sich nach Schlesien fortsetzte, etwas wie eine Illustration der Verhältnisse während der ersten Industrierevolution.

Přijel jsem do Varů až pozdě večer, jel jsem bez přestávky a bez jídla, sám jsem se nepoznával. V poslední době se mě zmocňovala jakási únava a omrzelost, která se tak podobala poměrům, v kterých jsem žil. Už dávno jsem necítil takové vzrušení jako dnes.

Město samo vypadalo z dálky jako kdysi. Nachází se na úpatí Krušných hor, sjedete po bývalých prvohorních sopkách Českého středohoří — až tam krajina vypadá také česky — a najednou se octnete v cizině. Tak to aspoň na mne vždycky před lety působilo. V tom průryvu mezi dvojím pohořím se otevřela uhelná pánev, kde se dobývalo už ve středověku a která přitáhla německé horníky, první obyvatele zdejších měst. Když jsme sem přišli po válce, našli jsme jediné historické české jmého na kašně. Pastýř Mika tady kdysi ve třináctém století pásl vepře, jeden z nich rozryl zem trochu hlouběji a tak objevil pramen, který založil léčebnou tradici Bílých Varů (dříve Weissbrunnen). Vary byly svou lázeňskou tradicí vedle svých sousedů jakousi výjimkou, v ostatních městech se věnovali jenom těžbě uhlí. Vznikl tu souvislý pás hustého osídlení, který prý pokračuje dál do Slezska, jakási ilustrace k poměrům v první průmyslové revoluci.

Když jsem se však blížil k prvním domům, zdálo se mi, že nic nepoznávám. Byly to ovšem původní domy, které jsem znal, když jsem jezdíval po pražské sil-

In München. V. l.: / V Mnichově. Zleva: Josef Nesvadba, Alexandr Kliment

Aber als ich mich den ersten Häusern näherte, glaubte ich, nichts mehr zu erkennen. Zwar waren es dieselben Häuser, die ich noch aus der Zeit kannte, da ich (damals freilich mit dem Bus) durch die Pragergasse fuhr. Doch schien sie ein grauer Schleier zu verhüllen, als gehörten sie gar nicht in die Gegenwart. Aus der Nähe sah ich dann, daß sie nicht bewohnt waren. Ihre Fenster waren blind und die Haustüren halb offen. Das ganze Viertel Lauben wurde abgetragen. Dahinter entstanden einige uniforme Wohnhäuser, wohl zwölf Stock hoch, nichts Schwindelerregendes, dafür geschmacklos oder vielmehr den Mangel jeden Geschmacks zeigend, billige Wohnfabriken. Ich erinnerte mich an die Wohnungen meiner Freunde in diesem Viertel, die Zimmer waren damals geräumig und die Fenster mit farbigen

nici (tehdy samozřejmě autobusem), ale náhle jako by je pokryl šedivý závoj, jako by ani nepatřily do současnosti. Zblízka jsem viděl, že nejsou obydlené. Jejich okna byla slepá a domovní dveře zotvírané. Celá čtvrť Loubí se bourala. Za rohem vznikalo několik uniformovaných panelových domů, asi o dvanácti poschodích, nic závratného, zato však nevkus, nebo spíš nedostatek jakéhokoli vkusu, továrny na skrovné bydlení. Pamatuji si, že jsem měl několik přátel ve čtvrti Loubí, pokoje tu byly prostorné a okna vykládaná barevnými skly, na zdech paroží a staré myslivecké relikvie, jak to mívala ráda německá buržoazie. Ještě pět let po válce jsem zažil mladší obyvatelky města, jak si vykračovaly zabalené do liščích ohonů a s tyroláčky na hlavách, ačkoliv se přistěhovaly teprve před několika měsíci z Pardubic.

73

Glasscheiben verziert. An den Wänden hingen Hirschgeweihe und alte Jägerreliquien, wie es das deutsche Bürgertum liebte. Noch fünf Jahre nach dem Kriege spazierten die jüngeren Stadtbewohnerinnen gehüllt in Fuchsschwänze und Tirolerhütchen auf dem Kopf umher. Obwohl sie erst vor wenigen Monaten aus Pardubitz hierher gezogen waren.

In der Stadtmitte waren ganze Viertel abgerissen. Das alte Ghetto neben der größten Quelle war abgetragen und an seiner Stelle waren Grünflächen. Die Hauptstraße, die frühere Mozart-, spätere Beneš- und jetzige Friedensgasse, ulice míru, hatte bis heute niemand gepflastert. Die winzige Straßenbahn, die zu meiner Zeit den Kurort mit den umliegenden Bergmannssiedlungen verband, hatte unförmigen Troleybussen Platz gemacht, die sich mit Mühe durch die engen Gassen der Stadt zwängten. Das heutige Weißbrunnen gefiel mir nicht. Ich blieb vor dem Hotel Kittrich stehen, das jetzt Krušnohor hieß, seine Empiremöbel hatte man hinausgeworfen und die Halle mit geschmacklosem Kunststoff geschmückt. Zufälligerweise war ein Zimmer frei, niemand kümmerte sich um mich, man schrieb mich wie die übrigen Gäste ein, es waren Teilnehmer einer Glasmacherversammlung. Niemand beachtete mich, obwohl ich in dieser Stadt über siebenhundert Kinder zur Welt gebracht hatte, die jetzt alle an die zwanzig sein mußten. Ich verlangte das Telefonbuch (es umfaßte nur ein paar Blätter) und suchte nach Selmas Namen. Ich wußte, daß sie noch immer hier lebte, unlängst hatte es mir ein Bekannter, dem ich zufällig auf einer Prager Kreuzung begegnete, bestätigt. Sie war Direktionssekretärin der örtlichen Textilfabrik.

V centru města byly zbořeny celé čtvrtě. Staré ghetto vedle hlavních pramenů strhli a na jeho základech zbudovali trávníky, hlavní ulici, kdysi Mozartgasse, později Benešova a teď ulici Míru, dodneška nikdo nevydláždil. Zrušili liliputánské tramvaje, které v mé době spojovaly lázně s okolními hornickými sídlišti, a zavedli místo toho nemotorné trolejbusy, které se do úzkých uliček města nemohou vejít … Byl jsem s dnešními Vary nespokojen. Zastavil jsem před hotelem Kittrich, který se teď jmenoval Krušnohor, jeho empírový nábytek vyházeli a halu vyzdobili skořepinovým nevkusem. Měli náhodou volný pokoj, nikdo si mě ani nevšiml, zapsali mě jako ostatní, jakési účastníky sklářského rokování, nikdo si mě ani nevšiml, ačkoliv jsem v tomto městě porodil přes sedm set dětí a všem jim teď musí být téměř dvacet let … Požádal jsem o telefonní seznam (bylo to několik stránek) a hledal jsem Selmino jméno. Věděl jsem, že tu dosud žije, nedávno mi to potvrdil náhodný známý, kterého jsem potkal v Praze na křižovatce. Je tu prý sekretářkou ředitelství místní textilky.

Nakonec jsem našel adresu, ale telefon mlčel, rozhodl jsem se, že Selmu navštívím bez ohlášení. Ale cítil jsem se v městě, kde jsem vlastně zažil první rok své zralosti, jako cizinec. Zavedli tu spoustu jednosměrných ulic, takže jsem si připadal jako myš v labyrintu. Jel jsem pomalu a na ulici bylo teď kolem desáté jen pár automobilů. Zato se na každém rohu potáceli opilci. Projel jsem kolem Jarossyho domu. Musel jsem vzpomínat.

Sloužil jsem v květnu roku padesát svou první pohotovost a zavolali mě sem, že pan Jarossy von Niemetz-Nemetz umírá. Musel jsem se šplhat až na půdu,

Ich fand ihre Adresse, doch das Telefon schwieg, und ich entschloß mich, sie unangemeldet aufzusuchen. In der Stadt, in der ich das erste Jahr meines Erwachsenseins verlebt hatte, fühlte ich mich als Fremdling. Man hatte eine Menge Einbahnstraßen eingeführt, so daß ich mir wie eine Maus im Labyrinth vorkam. Ich fuhr langsam, jetzt um zehn Uhr waren nur ganz wenige Wagen auf der Straße. Hingegen torkelten an jeder Ecke Betrunkene. Ich fuhr am Jarossy-Haus vorbei und mußte mich wieder erinnern.

Im Mai des Jahres fünfzig hatte ich meinen ersten Bereitschaftsdienst und wurde hierher an das Sterbebett des Herrn Jarossy von Niemetz-Nemetz gerufen. Mußte bis auf den Dachboden klettern, denn Herr Jarossy, ehemals Professor und Antifaschist, war zwar nicht ausgesiedelt worden, doch hatte man ihm die Wohnung in seinem eigenen Haus beschlagnahmt und ihm nur den Dachboden gelassen. Da lag er, umgeben von Büchern auf einem Strohsack, über ihm eine Fotografie Masaryks. Die ganze Dachkammer war von süßlichem Gangränegeruch erfüllt, selbst seine Frau, die ihn pflegte, ganz in Schwarz, als erwarte sie schon sein Begräbnis, mußte ab und zu hinaus, um sich zu erbrechen. Es war eine Beingangräne, der Herr Professor hatte sich verletzt und da er zuckerkrank war und Insulin-Injektionen verschmähte, lag er schon fast in Agonie. Ich war damals sechsundzwanzig, wußte mit Insulin umzugehen und hatte es mitgebracht. Ich bot diesem Verehrer des Humanismus an, ihn zu retten, was nicht schwer gewesen wäre. „Lassen Sie mich, Herr Doktor, ich will sterben", sagte er energisch und schlug seiner Frau über die Hand, als sie ihm die

protože pana Jarossyho, který byl profesorem a antifašistou, sice nevystěhovali, ale zabrali mu byt v jeho vlastním domě, takže mu zbyla jen půda. Ležel tam na slamníku mezi knihami, nad sebou fotografii Masaryka. Celou místnost naplňoval sladký zápach gangrény, i jeho žena, která ho ošetřovala v černém, jako by už čekala na pohřeb, občas odbíhala zvracet. Byla to gangréna nohy, pan profesor se poranil, a protože měl cukrovku a inzulín odmítal, byl právě před agonií. Měl jsem tehdy šestadvacet roků, znal jsem mechanismus inzulínu a vzal jsem ho s sebou. Nabízel jsem tomu ctiteli humanismu, že ho zachráním, a skutečně by to bývalo snadné. „Lassen Sie mich, Herr Doktor, ich will sterben," řekl rezolutně a pleskl svou ženu přes ruku, když mu nabízela injekci. Díval se na knihy, které ve svém životě prostudoval a které mu sem vystěhovali s ním, a byl rozhodnut zemřít. Nevěděl jsem, co mu odpovědět. Hloupě jsem argumentoval tím, že venku kvete bez. Jeho žena mi potom dávala dvacet korun, myslel jsem, že se rozpláču. V té době se mi ještě zdálo utrpení lidí nesnesitelné, lidský život důležitý a lékařské povolání nejvznešenější. Byl jsem mlád …

Někdo zatroubil, zapomněl jsem, že stojím na křižovatce, za mnou musela zabrzdit velká dodávka, hned jsem se rozjel. Selma bydlela za rohem.

— To jsou k nám hosti, řekla, jako by si chtěla uplivnout, nepoznala mě hned, musel jsem se nejdřív představit. Vážím jistě o dvacet kilo víc než tehdy a zpleŠatěl jsem, to je pravda, ale nemůže předstírat, že neví, kdo jsem, na to jsme se znali příliš dobře. Byl bych si vynutil vstup násilím. — To je spěchu. Copak hoří? jenom na jejím ř bylo znát, že není

Injektion hinhielt. Er betrachtete seine Bücher, die ihn im Leben begleitet und die man mit ihm hierher ausgesiedelt hatte, und war entschlossen zu sterben. Ich wußte keine Antwort. Und argumentierte, dumm wie ich war, damit, daß draußen Flieder blühe, dann gab mir seine Frau zwanzig Kronen, ich war den Tränen nahe. Damals schien mir Menschenleiden noch unerträglich, ein Menschenleben wichtig, und der Arztberuf der erhabenste von allen. Ich war jung …

Jemand hupte, ich hatte vergessen, daß ich auf einer Kreuzung stand, hinter mir bremste ein großer Lieferwagen und ich fuhr weiter. Selma wohnte um die Ecke.

— Na, das sind ja Gäste, sagte sie, erkannte mich nicht gleich, ich mußte mich vorstellen. Ich wiege zwanzig Kilo mehr als damals und werde langsam glatzköpfig, das stimmt, aber sie mußte doch nicht vorgeben, mich nicht zu kennen, dazu kannten wir einander doch zu gut.
— Wo brennt's denn, warum die Eile? — Nur an ihrem ř war zu erkennen, daß sie keine Tschechin war. Eva hatte sie nach dem Krieg aus dem Konzentrationslager mitgebracht. Wie naiv war ich damals, daß ich so gar nichts ahnte. Ich erinnere mich sehr gut, wie Selma mich in Gesellschaft immer verspottete. Und hatte keine Ahnung, daß sie eifersüchtig war.

— Verzeih, aber es ist eine höchst wichtige Angelegenheit. Weißt du, was mit Eva los ist? — Sie sah mich argwöhnisch an und setzte die Brille auf. Ihr Gesicht war runzelig und unrein, mit einem dreifachen Kinn. Das fettige Haar trug sie kurz geschnitten wie ein Junge und ihr Kragen war mit Schuppen bedeckt. Sie war mir plötzlich so widerwärtig, daß ich an mich halten mußte, um sie nicht gleich

Češka. Eva si ji přivedla s sebou z koncentráku po válce. Jak jsem byl naivní, že jsem vůbec nic netušil. Pamatuji se docela dobře, že mě Selma vždycky shazovala ve společnosti. Netušil jsem, že žárlí.

— Promiň, ale tohle je veledůležitá záležitost. Víš, co je s Evou? podívala se na mne podezíravě a nasadila si brýle. Měla svraštělou nečistou pleť a tři podbradky. Stříhala si ofinu jako kluk. Vlasy byly mastné a límec šatů pokryt lupy. Byla najednou tak odporná, že jsem se musel ovládat, abych jí hned neublížil. Bydlela v přízemí starého domu, všude jsem cítil ztuchlinu.

— Neviděla jsem Evu od těch dob. Ani mi nepíše. Slyšela jsem, že se provdala do Ameriky …
— Doufám, že ne za moje peníze, vyhrklo ze mne.
— Co tím myslíš? stáli jsme pořád v jejím pokojíku jeden proti druhému, nenabídla mi židli, nepozvala mě dál, musí tu přece mít ještě nějakou jinou místnost.
— Myslím, že jste byly tehdy na mě smluveny. Sehrály jste to se mnou, abych vám předal ty šperky. Je to pravda? Teprve teď jsem si všiml, že v zadní místnosti asi někdo je, neklidně otočila hlavu a řekla hlasitěji, než bylo třeba:
— Nejsi opilý? Jaké šperky? Chceš mě urážet? zdvihla hlas ještě víc.
— Mám důkazy. Rozumíš, najednou, po letech se mi dostal do rukou důkaz o tom, jak jsem byl hloupý, důvěřivý, naivní a zamilovaný … Odfrkla:
— Do které? Myslel jsem, že jí ublížím, chytil jsem ji za ruce (jak jen jsem mohl kdysi být vzrušen jejím tělem?) a začal jsem s ní třást:
— A do koho jsi byla zamilovaná ty?! Pročpak jsi mi lhala? Věděla o tom Eva nebo ne? Byl to její nápad?

zu verletzen. Sie wohnte im Erdgeschoß eines Altbaus, überall roch es nach Moder.

— Ich habe Eva seither nicht gesehen, sie schreibt mir auch nicht. Sie soll in Amerika geheiratet haben …
— Ich hoffe, nicht für mein Geld … stieß ich hervor.
— Was meinst du damit? — Wir standen noch immer in ihrem Zimmer, einander gegenüber, sie bot mir keinen Stuhl an, bat mich nicht weiter, die Wohnung mußte doch noch einen zweiten Raum haben.
— Ich glaube, ihr habt euch damals gegen mich verschworen, habt mich um meine Juwelen betrogen. War es so? — Erst jetzt bemerkte ich, daß jemand im Hinterzimmer war. Sie bewegte unruhig den Kopf und sagte lauter als notwendig:
— Bist du nicht betrunken? Was für Juwelen? Willst du mich beleidigen? — sie hob die Stimme noch mehr.
— Ich habe Beweise, jetzt nach Jahren, habe ich die Beweise in Händen, wie dumm, vertrauensselig, naiv und verliebt ich damals war … Sie fragte:
— In welche von uns? — Ich packte sie bei der Hand (wie konnte mich jemals ihr Körper erregen!) und schüttelte sie:
— Und in wen warst du verliebt? Warum hast du mich belogen? Hat Eva davon gewußt oder nicht? War es ihr Einfall?
— Laß mich los, sonst schrei ich, du Intelligenzler, sie versuchte, sich zu befreien. Ob Vlasta einmal auch so aussehen würde? So aufgeschwemmt und unförmig, das Gesicht alkoholgedunsen? Ob auch Evas gefeierte amerikanische Geliebte wie ihre Vorgängerin enden würde?
— Du hast Besuch, hörte ich hinter mir eine weibliche Stimme. Ich ließ Selma los und sie antworte schnell:

— Pusť mě, budu křičet, ty inteligente, chtěla se mi vymknout. Jestlipak bude Vlasta taky takhle vypadat? Nafouklá vodnatelnou tloušťkou, s obličejem oteklým od pití, mžourat a kňučet, jestlipak taky slavná zahraniční Evina milenka skončí jako tahle její předchůdkyně?
— Ty máš návštěvu? ozvalo se za mnou. Byl to ženský hlas. Pustil jsem Selmu okamžitě. A okamžitě mi odpověděla:
— Měla jsem ráda tebe a chtěla jsem ti pomoct. Z těch šperků jsem nedostala nic, s Evou se nestýkám … Obrátil jsem se k nově příchozí a začal jsem se smát. Na prahu kuchyně (neboť další místností byla kuchyň) stálo intersexuální stvoření, v pánském kostýmu, mužských kalhotách a kabátu s kravatou, dlouhými vlasy a trucovitým pohledem:
— Neradím vám, abyste Selmě ubližoval, řeklo a postoupilo ke mně, jako by se chtělo prát, šlo pomalu z nohy na nohu, jak to vidíme u závozníků.
— Ovšem, zasmál jsem se ještě. — Ani s Evou ses nestýkala, nic jsi s ní neměla, jako tuhle s tou … Nebo máte radši, když vám říkají chlapče? zeptal jsem se její partnerky. Ta se shýbla a hodila po mně hrnek, sotva jsem se uhnul.
— Karličko?! okřikla ji Selma a rychle otvírala dveře.
— Přijďte za mnou zítra do kanceláře. Můžeme si o všem pohovořit …
— Děkuju. Už není třeba, byl jsem najednou klidný. Tak jsem se vlastně po dvaceti letech dověděl, jak to všechno bylo. Připadal jsem si jako pitomec. Koupil jsem si v hotelu dvojitou vodku a šel jsem spát.

— Dich hab ich gern gehabt und wollte dir helfen. Von jenem Schmuck hab ich nichts bekommen und mit Eva verkehre ich nicht … Ich wandte mich der Neuangekommenen zu und mußte lachen. Auf der Küchenschwelle (denn der weitere Raum war die Küche) stand ein intersexuelles Geschöpf, in Hose und Rock mit Krawatte, langen Haaren und trotzigem Blick.

— Ich rate Ihnen nicht, Selma wehzutun, — sagte es und näherte sich, als wollte es auf mich losgehen. Mit wiegendem Gang, wie man ihn bei Beifahrern sieht.

— Freilich, — lachte ich noch. — Du hast auch mit Eva nicht verkehrt, nichts mit ihr gehabt, so wie mit dieser da. Oder haben Sie es lieber, wenn man Sie mit Junge anredet? — fragte ich ihre Partnerin. Die bückte sich und warf einen Kochtopf nach mir, ich wich ihm gerade noch aus.

— Karli! — rief Selma und öffnete rasch die Tür. — Kommen Sie morgen in mein Büro, da können wir über alles reden …

— Danke. Nicht mehr nötig … — Ich war plötzlich ruhig. So hatte ich nach zwanzig Jahren endlich die Wahrheit erfahren. Ich kam mir vor wie ein richtiger Dummkopf. Erstand im Hotel einen doppelten Wodka und ging zu Bett.

Jan Trefulka

Der Mann auf den Knien
Muž na kolenou

Mit zunehmendem Alter sucht sich jeder Mensch die Natur, die ihm zusagt. Für manchen bleibt die Natur nur das, was während einer Fahrt über die Landstraße an ihm vorüberfliegt, für andere ist es der Steingarten im eigenen Gärtlein, oder es sind ein paar Steine am Ufer eines regulierten Flußlaufs. In der Regel sehen wir jedoch hinter jedem Wort eine Landschaft, umfriedet mit Zäunen aus Holz, Maschendraht oder lebender Hecke, bebaut mit Häuschen und Wochenendhäusern, errichtet nach den Gesetzen der staatlich geförderten, volkstümlichen Hobby- und Pfusch-Architektur. Schrittweise geht sie über in farbenreiche Müllhaufen, durchwachsen von Kiefern und vereinzelten, bejahrten Fichten, sie wechselt über in schmale Waldgürtel, die sich wiederum allmählich in Schutthalden verwandeln, in Wochenendhauskolonien und schließlich in die Peripherie einer weiteren Stadt. Diese Art sogenannter freier Natur hat mich nie besonders gelockt, und ich halte sie allgemein für wenig inspirierend und der Gesundheit kaum nutzbringend. Ich gehe lieber in die Natur, die bereits veredelt ist und einem Nutzen bietet, und ich ende dann in dem Weinkeller meines Freundes Jáchym. In dem Keller gibt es Natur noch und noch. Die Wände sind aus unverfälschtem Stein, die Fässer und Bänke aus echtem Holz, und der Wein wird, wie Freund Jáchym mit Stolz betont, aus Trauben hergestellt.

S přibývajícími léty si hledá každý člověk svou přírodu. Pro někoho zůstává přírodou jenom to, co ubíhá dozadu při jízdě po silnici, pro jiného je to skalka na zahrádce nebo pár kamenů na břehu regulované řeky. Zpravidla však vidíme za oním slovem končiny, obehnané dřevěným, drátěným nebo živým plotem a zastavěné domky a chatami, budovanými podle zákonů lidové tvořivosti v architektuře. Postupně přecházejí v barvité smetiště, prorostlé borovicemi a letitými, osamělými smrky, dále pak v úzký pás lesa, který se postupně opět mění v rumiště, chatové osady a posléze v periferii dalšího města. Tento typ takzvané volné přírody mne nikdy zvlášť nelákal a považuji jej obecně za málo inspirující a zdraví prospěšný. Chodím raději do přírody již zušlechtěné a skýtající užitek a končívám ve vinném sklepě přítele Jáchyma. Ve sklepě je ostatně přírody až až. Zdi jsou z nefalšovaného kamene, sudy a lavice z pravého dřeva a víno, jak s pýchou upozorňuje přítel Jáchym, je vyrobeno z hroznů.

Můj přítel Jáchym není ctitelem pomalého a rozjímavého pití, při němž, jak říká, se jenom opakují staré pravdy, neboli blafy, kdežto nové pravdy, objevy a zjevení přicházejí jako blesk z čistého nebe po bleskové ochutnávce za všech dvaceti sudů a z láhve dobře uleželé meruňkovice. Slabí a diletanti záhy odpadnou, silní pokračují v osamocení sochaře před kusem mramoru, malíře

Mein Freund Jáchym ist kein Verehrer des langsamen und beschaulichen Trinkens, wobei, wie er sagt, nur alte Wahrheiten oder dummes Geschwätz wiederholt werden, während neue Wahrheiten, Entdeckungen und Offenbarungen wie der Blitz aus heiterem Himmel kommen, nachdem alle zwanzig Fässer und eine Flasche gut abgelegenen Aprikosenschnapses blitzschnell durchgekostet werden. Schwächlinge und Dilettanten fallen bald aus, die Starken fahren jedoch in der Vereinsamung fort, die der Vereinsamung des Bildhauers vor einem Stück Marmor, der des Malers vor einer weißen Leinwand und der des Dichters vor dem leeren Blatt Papier gleicht. Die Hinfälligkeit des Körpers gleicht sich aus durch verschärfte Sinne, die die Wege der Logik verlassen und sich der Lebensprobleme mit einem Tigersprung bemächtigen.

„Auf die Knie!" ruft schließlich Freund Jáchym, und jetzt erst beginnt die demütige Wallfahrt zu dem größten und schönsten Wein, den sein Keller zu bieten hat. Der Besucher, der in diesem Augenblick nicht den tiefen Sinn dieser Zeremonie begreift, scheidet für Jáchym aus.

„Das ist ein eingebildeter Simulant", sagte Jáchym, „er trinkt nicht aus innerer Notwendigkeit, sondern nur darum, weil es verlangt wird. Sein Aufgerichtetsein, seine armselige, peinliche, taumelnde Haltung auf zwei Beinen geht ihm über alles. Solche Leute haben die Welt verdorben."

Die Theorie des Mannes auf Knien ist das Ergebnis eines herrlichen Tigersprungs von Jáchyms Geist, und wer ihr nicht auf den Geschmack gekommen ist,

před bílým plátnem a básníka nad prázdným papírem. Vratkost těla se vyvažuje zbystřením mysli, která opouští cesty logiky a zmocňuje se životních problémů tygřím skokem.

„Na kolena!" zvolá posléze přítel Jáchym a teď teprve začíná pokorná pouť za největším a nejkrásnějším vínem, které chová jeho sklep. Návštěvník, který v této chvíli nepochopil hluboký smysl obřadu, je pro Jáchyma vyřízen.

„Je to domýšlivý simulant," říká Jáchym, nepije z vnitřní potřeby, ale jenom proto, že se to žádá. Jeho vztyčenost, jeho ubohý, trapný, kymácivý postoj na dvou nohách je mu nad boha. Takoví lidé zkazili svět."

Teorie o muži na kolenou je výsledek nádherného tygřího skoku Jáchymovy mysli a kdo jí nepřišel na chuť, nemůže být jeho přítelem, a co horšího, ani přítelem jeho vína. Postupem času ji autor obohacoval o nové prvky, až vytvořil ucelené učení, které, jak soudím, by nemělo být zapomenuto, protože není o nic bláznivější než například zcela vědecká teorie o vzniku vesmíru nebo pádu tzv. tunguzského meteoritu.

Přítel Jáchym není fanatik ani dogmatik. Jeho soustava je otevřená, uzpůsobená ke konfrontacím s cizími myšlenkami a vlivy a na rozdíl od jiných filozofických systémů připouští realitu některých těžko zamlčitelných faktů. Jáchym si nezastírá, že vzpřímená poloha je vhodnější při některých všedních denních úkonech, zejména při práci. Není mu zatěžko přiznat, že skýtá jisté výhody při chůzi a běhu, zejména jedná-li se o rychlost pohybu. Zde ovšem neopomene nikdy poznamenat, že nutnost

Jan Trefulka in München / v Mnichově

kann sein Freund nicht sein, was viel schlimmer ist, nicht einmal der Freund seines Weins. Im Laufe der Zeit bereicherte der Autor sie um Elemente, bis er eine abgerundete Lehre geschaffen hatte, die, wie ich denke, nicht vergessen werden sollte, weil sie um nichts verrückter ist als zum Beispiel die ganz wissenschaftliche Theorie von der Entstehung des Universums oder von dem Fall des sogenannten Tunguska-Meteoriten.

Freund Jáchym ist weder Fanatiker noch Dogmatiker. Sein System ist offen, geeignet zur Konfrontation mit fremden Überzeugungen und Einflüssen, und zum Unterschied von anderen philosophischen Systemen läßt es die Realität mancher schwer zu verheimlichenden Fakten zu. Jáchym bestreitet nicht, daß die aufrechte Haltung für manche alltäg-

rychlosti je většinou velmi problematická a že je to jedna z těch lidských pověr, které směřují ve svých důsledcích k záhubě.

Jáchym nebuduje své učení negativisticky, na pouhém odmítání námitek a výhrad. Pilířem jeho nauky je konstatování faktu, že vzpřímená poloha je pro většinu nejzákladnějších životních úkonů zcela nevhodná, aktem rozplozovacím počínaje a vyměšováním konče. Naproti tomu polohy vhodné k těmto účelům označuje přítel Jáchym za modifikace základní pozice na kolenou a například lékaři doporučovaný spánek ležmo na břiše pokládá za rozvinutou polohu klečícího muže.

Toto všechno jsou ovšem výchozí principy a slouží dnes pouze k přesvědčování

81

lichen Verrichtungen, besonders während der Arbeit, geeigneter ist. Es fällt ihm nicht schwer, zuzugeben, daß die aufrechte Haltung gewisse Vorteile während des Gehens und Laufens bietet, besonders wenn es sich um Schnelligkeit der Bewegung handelt. Hier versäumt er es nie, zu bemerken, daß die Notwendigkeit zur Geschwindigkeit meist sehr problematisch sei und daß sie dem menschlichen Aberglauben zugerechnet werden könne, der in seinen Folgerungen dem Untergang zusteuere.

Jáchym baut seine Lehre nicht negativistisch, auf bloßer Ablehnung von Einwänden und Vorbehalten auf. Der Pfeiler seiner Lehre ist das Konstatieren der Tatsache, daß die aufrechte Haltung für die meisten grundlegenden Lebensverrichtungen fast ungeeignet sei, angefangen vom Akt der Fortpflanzung bis zu dem der Ausscheidung. Demgegenüber bezeichnet Freund Jáchym die zu diesen Verrichtungen passenden Haltungen als Modifizierung der grundlegenden knienden Haltung, und die zum Beispiel von Ärzten empfohlene Schlaflage auf dem Bauch hält er für die entrollte Haltung des knienden Mannes.

Das alles sind jedoch Ausgangsprinzipien, die heute lediglich dazu dienen, die Menschen zu überzeugen, deren Geist nicht in der Lage ist, sich über die offenkundigen, sichtbaren und greifbaren Dinge zu erheben. Als Beispiel der hochkultivierten, subtilen Überlegungen, zu denen sich Jáchyms Lehre mit der Zeit durcharbeitete, kann seine Auslegung zu dem bekannten Ausspruch gelten, es sei besser, stehend zu sterben, als auf den Knien zu leben.

lidí, jejichž mysl není schopna povznést se nad věci zřejmé, viditelné a hmatatelné. Příkladem vysoce kultivované subtilní úvahy, k níž se Jáchymovo učení časem propracovalo, může být jeho výklad k známému výroku, že je lépe zemřít vstoje, než žíti na kolenou.

Přítel Jáchym především upozorňuje na to, že takto uspořádaná věta nedává žádný rozumný smysl, protože vzpřímená poloha je ovšem odedávna vysloveně sebevražedná. Citované znění je pravděpodobně důsledek chabých jazykových znalostí a špatného příkladu. Hlubokou moudrost výroku pochopíme teprve tenkrát, když upravíme slovosled: lépe než zemřít vstoje je žíti na kolenou. Je historicky dokázáno, dovozuje Jáchym, že se ve všech rozhodujících chvílích vrhal člověk odedávna na kolena. Ať už vzýval boha nebo vladaře, dobýval milovanou ženu nebo se potřeboval ukrýt před rozbouřenými živly nebo nepřítelem, vždycky volil skutečný muž polohu na kolenou. To nebyla kapitulace, ani zbabělost, to byla nutnost, rozvaha a zkušenost. To nebyl strach pohlédnout do boží tváře, to byla potřeba skrýt svou vlastní tvář, své vzpurné úmysly, svůj posměch a opovržení. Bůh nebo vladař, který shlíží na tvůj zadek, nemá nad tebou žádnou moc, volá přítel Jáchym, a jenom blázen nechává číst ve svých očích jak v otevřené knize. A jenom pošetilec dobývá ženu vztyčen z nejnevýhodnějšího a nejnepřirozenějšího konce, totiž odshora dolů, od hlavy do klína, a vytlačuje přitom nezdravé šťávy z mozku, aby se usazovaly na nevhodných místech a uzavíraly cesty milosti. Jenom šílenec vystavuje hlavu větrům a bleskům a skýtá protivníkům vhodný terč. Jen se rozhlížejte, trapní vzpřímenci, dobývejte daleké, neurčité a

Freund Jáchym macht vor allem darauf aufmerksam, daß ein so angeordneter Satz keinen vernünftigen Sinn abgäbe, weil die aufrechte Haltung von jeher ausgesprochen selbstmörderisch sei. Der zitierte Wortlaut ist wahrscheinlich die Folge mangelhafter Sprachkenntnisse und einer schlechten Übersetzung. Die tiefe Weisheit dieser Äußerung begreifen wir erst dann, wenn wir die Wortstellung verbessern: besser, auf den Knien zu leben, als stehend zu sterben. Es ist historisch belegt, begründet Jáchym, daß sich in allen entscheidenden Augenblicken des Lebens der Mensch seit alters auf die Knie warf. Ob er nun Gott oder den Herrscher anrief, eine geliebte Frau für sich zu erobern versuchte oder sich vor entfesselten Naturkräften verbergen mußte, immer wählte der wahrhafte Mann die kniende Haltung. Das war weder Kapitulation noch Feigheit, es war Notwendigkeit, Besonnenheit und Erfahrung. Das war nicht die Angst, Gott ins Antlitz zu sehen, es war die Notwendigkeit, das eigene Gesicht, seine eigenen aufrührerischen Gedanken, seinen Spott und seine Verachtung zu verbergen. Gott oder ein Herrscher, die auf deinen Rücken blicken, haben keine Macht über dich, ruft Freund Jáchym, und nur ein Narr läßt in seinen Augen wie in einem offenen Buch lesen. Und nur ein törichter Mensch erobert die Frau aufrecht stehend, aus der ungünstigsten und unnatürlichsten Haltung heraus, nämlich von oben nach unten, vom Kopf zum Schoß, und drückt dabei die ungesunden Säfte aus dem Hirn, damit sie sich an unpassenden Stellen ansetzen und die Wege der Gnade verschließen. Nur ein Wahnsinniger setzt seinen Kopf Stürmen und Blitzen aus und bietet dem Gegner ein passendes Ziel. Seht euch nur um, ihr peinlich Auf-

nikdy nedostižitelné obzory, jen vy jste příčinou neštěstí a jenom vy ženete sebe i své bližní do zkázy. Já, kleče na kolenou, znám svůj svět. Je zaplněn známými věcmi, travinami, kamínky, broučky a zašlápnutými vajgly. Ťápnu-li do hovna, vím od čeho mám špinavé ruce. Když spadnu do jámy, vím, kam padám a skulím se měkce mezi své přátele lopuchy a přítelkyně sedmikrásky. Kdežto vy, vražedně vzpřímení a umanutí, nevíte, po čem jdete, ani na čem jste uklouzli a padnete-li, nepřipravení, dopadnete hluboko a tvrdě. Teprve potom poznáte, že vás vaše falešné, vzdálené cíle svedly z cesty. Dali jste se obalamutit. Když už nemáte nikoho, před kým byste mohli padat na kolena, stojíte bezradní a jdete za každým, kdo předstírá, že ví, kam směřuje. V té chvíli, kdy se ve své vztyčené pýše domníváte, že jste dosáhli svobody, ztratili jste ji. Nevidíte nikoho, před kým byste v úctě a svobodně mohli sklonit šíji. Není boha, je jenom slepý osud. Není vládce, je jenom slepá a ponurá zákonitost společenského vývoje. Není žen, jsou jenom bytosti opačného pohlaví. Zůstala vám cizota a smrtelné nebezpečí. Vestoje není žití, dovozuje přítel Jáchym, vestoje se člověk jenom potácí, aby posléze padl vyčerpaný a zneuctěný.

Jáchymův sklep je v každé roční době naplněný vlahou vlhkostí a kvasivými vůněmi vína a starého dřeva. Je měkce teplý v zimě a břitce chladivý v létě. S jarem se připravuje k úrodě a s podzimem ji sklízí. Jeho travnatá střecha se zazelená s prvními teplými paprsky a poslední zchřadne pod prvními sněhovými vločkami. Jáchymův sklep je má příroda ve všech ročních obdobích a jeho víno mne naučilo padat na kolena, do jistoty, naděje a bezpečí.

gerichteten, erobert ferne, ungewisse und unerreichbare Horizonte, ihr allein seid die Ursache von Unglück und nur ihr jagt euch selbst und eure Nächsten ins Verderben. Ich, auf den Knien liegend, kenne meine Welt. Sie ist angefüllt mit bekannten Dingen, mit Gras, Steinchen, Käfern und zertretenen Kippen. Patsche ich in einen Scheißhaufen hinein, weiß ich, wovon ich schmutzige Hände habe. Falle ich in eine Grube, weiß ich, wohin ich falle, und kollere weich zwischen meine Freunde, die Siebensterne, und meine Freundinnen, die Kletten. Während ihr, mörderisch hoch aufgerichtet und zielstrebig, nicht wißt, worauf ihr geht noch worauf ihr ausgerutscht seid; und fallt ihr unvorbereitet, so fallt ihr tief und hart. Erst dann erkennt ihr, daß euch eure falschen, entfernten Ziele vom Weg abgebracht haben. Ihr habt euch betören lassen. Wenn ihr schon niemanden habt, vor dem ihr auf die Knie fallen könnt, steht ihr ratlos herum und lauft jedem hinterher, der vorgibt, zu wissen, wo sein Ziel liegt. In dem Augenblick, da ihr in eurem hochaufgerichteten Stolz meint, ihr habt die Freiheit erreicht, habt ihr sie verloren. Ihr seht niemanden, vor dem ihr in Verehrung und frei euren Nacken beugen könnt. Es gibt keinen Gott, es ist nur ein blindes Schicksal, es gibt keine Herrscher, er ist lediglich blinde und düstere Gesetzmäßigkeit der gesellschaftlichen Entwicklung. Es gibt keine Frauen, sie sind nur Wesen des entgegengesetzten Geschlechts. Euch bleibt nichts als Fremde und tödliche Gefahr. Im Stehen kann man nicht leben, folgert Freund Jáchym, im Stehen taumelt der Mensch, um zuletzt erschöpft und entehrt zu fallen.

Jáchyms Keller ist zu jeder Jahreszeit erfüllt von lauwarmer Feuchtigkeit, dem

gärenden Duft des Weins und altem
Holz. Er ist von weicher Wärme im
Winter und von scharfer Kühle im
Sommer. Mit dem Frühling bereitet er
sich auf die Ernte vor, und mit dem
Herbst bringt er die Ernte ein. Sein
begrastes Dach ergrünt mit den ersten
warmen Sonnenstrahlen und geht als
letztes unter den Schneeflocken ein.
Jáchyms Keller ist zu allen Jahreszeiten
meine Natur, und sein Wein hat mich
gelehrt, auf die Knie zu fallen, in die
Sicherheit, Hoffnung und Geborgen-
heit.

Übersetzung:
Marianne Pasetti-Swoboda

Alexandr Klíment

Die Langeweile in Böhmen
Nuda v Čechách

Die Erinnerung ist an einen Duft ge-
knüpft. Aus dem Pfarrhauskeller hinter
uns drang der scharfe Geruch aufgelese-
ner Frühäpfel. Zum Rotwein aßen wir
Schwarzbrot mit Salz. Ich war damals
noch so gut bei Kräften, daß mir die
Lästigkeit des Problems nicht die Laune
verdarb; ich fand die Situation eher in-
teressant als zermürbend.

Tief am Himmel flog ein Stern dahin, fast
schien er zu sprühen. Wir gingen um die
Pfarrei herum, deren Verputz der Regen
von Jahrhunderten aufgerauht hatte.
Auf den Kletten funkelte der Tau. Zwi-
schen den Brennesseln blinkten weg-
geworfene farbige Kugeln, die ein für-
sorglicher Ökonom einst auf Pfählen
über den längst verwilderten Johannis-
beer-, Stachelbeer- und Himbeersträu-
chern zur Abschreckung der Vögel auf-
gespießt hatte.

„Das Ende des Architekten bedeutet
noch nicht das Ende des Menschen. Ich
werde also keine Projekte ausarbeiten,
ich werde nur leben, existieren, aber ich
werde ich selbst bleiben", sagte ich.

„Vorsicht vor großen Worten", sagte
Štěpán. „Ich weiß, was ein Architekt ist.
Ich weiß nicht, was ein Mensch ist.
Wünsch dir nicht, nur du selbst zu sein.
Bleib irgend etwas, dann kannst du je-
mand werden." Štěpán deutete auf den
Schatten des gußeisernen Christus im
Heckenrosengebüsch und sagte: „Da,
schau. Das ist nur ein Symbol. Ich wollte

Vzpomínka souvisí se vzpomínkou na
vůni. Z farského sklepa za námi čpěly
koše sesbíraných raných jablek. Červené
víno jsme si zakusovali dobrým černým
chlebem a solí. A byl jsem tenkrát ještě
tak pěkně při silách, že mi obtížnost
problému nekazila náladu; situace mě
spíš zajímala než zkrušovala.

Nízko po nebi letěla hvězda, až se nám
zdálo, že prská. Obcházeli jsme faru,
jejíž omítku zdrsnily staleté deště. Slu-
neční hodiny nad námi, teď hodinky
měsíční, v modrém jasu kázaly o dočas-
nosti, které jsme se chtěli smát. V lopu-
chách jiskřila rosa. V kopřivách blýskaly
odhozené barevné plašmušky, které
kdysi pečlivý hospodář napichoval na
klacky nad rybíz, angrešt a malinu, teď
už dávno zplanělé.

„Konec architekta neznamená ještě
konec člověka. Tak nebudu projektovat,
budu jen žít, existovat, ale zůstanu sám
sebou," řekl jsem.

„Pozor na velká slova," řekl Štěpán.
„Vím, co je architekt. Nevím, co je člověk.
Nechtěj zůstat jen sám sebou. Zůstaň
něčím, jen tak budeš někým." Štěpán
ukázal na stín litinového Krista v šípkoví
a řekl: „Podívej se! Už je to jen jeho znak.
Chtěl jsem zvěstovat vzkříšení, ale
nevěřím. Proč bych tedy aspoň neslou-
žil? Pokoj vám! Poslání kněze jsem
vyměnil za úlohu herce a nestydím se za
to. Styděl bych se, kdybych hrál, kdybych
vystupoval špatně. Dokonale se do té

86

V. l.: / Zleva: Alexandr Kliment, Gerd Holzheimer, Franz Peter Künzel

die Auferstehung verkünden, aber ich bin ungläubig geworden. Warum soll ich nicht trotzdem dienen? Friede sei mit euch! Die Mission des Priesters habe ich mit der Rolle des Schauspielers vertauscht, und ich schäme mich nicht dafür. Schämen würde ich mich, wenn ich schlecht spielen würde. Vor dem Altar oder auf dem Friedhof lebe ich mich in diese Rolle perfekt ein, und wenn ich den Ornat abnehme, bin ich immer enttäuscht. In der Wirklichkeit der liturgischen Gebärde ist mir wohler als in der Unwirklichkeit des sogenannten normalen Lebens."

„Enttäuschung, Enttäuschung", sagte ich. „In Prag kursiert jetzt ein neuer Begriff: der enttäuschte Kommunist. Da haben sie den Generalsekretär der eigenen Partei gehängt und ein Plakat her-

úlohy vžívám před oltářem nebo na hřbitově a vždycky jsem zklamán, kdykoli si sundám ornát. Ve skutečnosti liturgického gesta je mi líp než v neskutečnosti takzvaného normálního žitova."

„Zklamán, zklamání," řekl jsem. „V Praze teď běží takový nový pojem: zklamaný komunista. Oběsili generálního tajemníka vlastní strany a vydali plakát: Soudruzi, straně věřte!"

„Je to pořád tentýž zvrácený princip," řekl Štěpán. „Obětovat vlastního člověka a věřit, že to má nějaký vyšší, nadosobní, historický smysl. A budovat církev. A budovat stát. Miserere! Ale já neznám žádný jiný smysl než osobní!"

Farský sad za generace už tolikrát pro-

ausgegeben, auf dem steht: Genossen, glaubt der Partei!"

„Immer dasselbe verkehrte Prinzip", sagte Štěpán. „Einen Menschen aus den eigenen Reihen opfern und glauben, das hätte einen höheren, überpersönlichen, historischen Sinn. Und eine Kirche gründen. Und einen Staat gründen. Miserere! Aber ich kenne keinen anderen Sinn als einen persönlichen."

Der Pfarrhausgarten, in Generationen schon so oft in demütigen Gebeten und bescheidenen Meditationen durchschritten, geriet mit einemmal in Aufruhr, wie um sich gegen uns zu empören. Wir starrten einen Moment lang entsetzt hin. Die Dämmerung bleichte die Schatten, und flimmernde Helle zerstäubte den Morgendunst, der sich als Tau auf Blättern und Gräsern hörbar niederschlug. Der dunkle Teich in der Ferne begann zu schimmern. Über dem Wasser schien ein hauchzarter Geist zu schweben.

„Eine Löwengrube ist es und ein Feuerofen, einfach so", sagte ich.
„Und niemand holt uns da raus", sagte Štěpán.
„Aber die Landschaft ist schön." Ich verwies auf den heraufziehenden Tag und erzählte Štěpán, wie ich, obwohl längst nicht mehr gläubig, noch immer vor Feldkreuzen bete und gelegentlich, wenn ich zufällig in einer Kirche die Messe höre, vor dem Altar niederknie und die Hostie empfange.
„So ein Heide!" lächelte Štěpán. „Eignet sich einfach die Sakramente an, nur so aus ästhetischem Übermut! Ich hingegen traue und taufe und spende die letzte Ölung im Namen des Vaters, des Sohnes und des Heiligen Geistes aus Pflichtgefühl."

chozený v pokorných modlitbách a skromných meditacích se teď začal celý třást, jako by se proti nám bouřil. Hleděli jsme na to okamžik zděšeni. Svítání roztíralo stíny a zrnitý jas prášil oponu rosy, která slyšitelně padala na listy stromů, keřů a trávy. Dosud temný rybník v dálce se teď leskl jako božské oko. Nad hladinou se vznášel lehounký duch.

„Je to jáma lvová a pec ohnivá, a jakoby nic," řekl jsem.
„A nikdo nás z toho nedostane," řekl Štěpán.
„Ale krajina je krásná," poukázal jsem na rozednívání a vyprávěl jsem Štěpánovi, jak se ještě pořád, i když už dávno nevěřící, modlívám u křížků v poli, a že občas, když se náhodou zastavím v kostele na mši, kleknu před oltář a přijmu hostii.
„Takový pohan," usmál se Štěpán, „takhle si přivlastňovat svátosti, jenom tak z nějakého duchovního přebytku. Já ve jménu Otce i Syna i Ducha svatého oddávám a křtím a podávám poslední pomazání z povinnosti."
„Kdybych já Boha potřeboval ke svému povolání, tak bych si ho vymyslel," řekl jsem. „Vyprojektoval bych si ho. Ale já bych jen potřeboval rozumného investora. Toho si vymyslet nemůžu. Můj rozum odmítají, ale chtějí angažovat moje schopnosti pro nesmysl. To zas odmítám já. Tak nebudu projektovat. Nejdřív jsem se té představy polekal, připadal jsem si jako zavržený a opuštěný, ale pak jsem si řekl — získáš víc svobody. Není to východisko? Nějak se přece uživím."
„Tak nejdřív jsme se zřekli svého Boha, Mikuláši, teď se začínáme zříkat svého povolání. Co z nás zbyde?"
„Zvláštní, svůdné pokušení cítím — žít, být, existovat a víc nic," řekl jsem já.

88

„Wenn ich Gott für meinen Beruf brauchen könnte, dann würde ich ihn mir erfinden", sagte ich. „Aber ich brauche nur einen vernünftigen Bauherrn. Den kann ich nicht erfinden. Meinen Verstand lehnen sie ab, meine Fähigkeiten jedoch wollen sie für einen Unsinn ausnützen. Das lehne hinwiederum ich ab. Ich werde also keine Projekte ausarbeiten. Zuerst bin ich davor erschrocken, ich bin mir vorgekommen wie ausgestoßen und verlassen, aber dann habe ich mir gesagt: Du gewinnst mehr Freiheit. Ist das ein Ausweg? Irgendwie werde ich mich schon durchschlagen."

„Zuerst haben wir also unserem Gott entsagt, und jetzt fangen wir an, unserem Beruf zu entsagen. Wo kommen wir da hin?"

„Ich fühle mich versucht, nur zu leben, zu sein, zu existieren, mehr nicht", sagte ich.

„Und deine Bildung, deine Träume, deine Vorstellungen von einer universellen Architektur, von der böhmischen Landschaft? Du wendest dich nach innen. Was heißt das aber — sich nach innen wenden? Hat das schon jemand versucht — in dieser Zeit, meine ich, die alles andere begünstigt, nur keine Kontemplation? Ich bin Priester, höchstwahrscheinlich ein schlechter Priester, zumindest ein problematischer, aber ich bin und existiere durch diese Funktion. Was wirst du mit deiner Freiheit anfangen, Mikuláš?"

Štěpán lächelte traurig, und die Sonne, die eben aufgegangen war und erst mit einem einzigen Strahl den Weg durch die dichte, tief herabreichende Krone eines Laubbaumes zu uns gefunden hatte, fiel wie ein Lichtpunkt auf Štěpáns Gesicht. Mir war, als sähe ich in seinen Augen den Sog von blau abschatttierten Farben der weichenden Nacht.

„A co tvoje vzdělání, sny, úvahy o univerzální architektuře, tvoje koncepce české krajiny? Ustoupíš do sebe. Ale co to znamená ustoupit do sebe? Už to někdo zkusil, myslím v téhle době, která přeje všemu jinému, jen ne kontemplaci? Já jsem kněz, nejspíš kněz špatný, přinejmenším problematický, ale jsem, existuju prostřednictvím té funkce. Co si počneš se svou svobodou ty, Mikuláši?"

Štěpán se smutně pousmál a slunce, které právě vyšlo a které si k nám jediným paprskem našlo cestu skrz hustou, nízko prověšenou korunu listnatého stromu, ozářilo Štěpánovi tvář v jednom bodě. Zdálo se mi, že tah barev ustupující noci prochází jeho okem s modrým odstupňováním.

„Pojď kousek do celého světla," řekl jsem. „Udělalo se mi špatně. Znamení!"

„Mikuláši, dej si pozor!" řekl Štěpán. „Jsem, kterýž jsem, definoval Bůh sám sebe ze své moci. Chceš se definovat podobným způsobem ze své úzkosti? Než jsi vystoupil z církve, zpovídal ses mi. Už to byla mezi námi jen hra. Nezapomenu na tvůj jemný úsměv, který jsem pozoroval skrz mřížku zpovědnice. Příteli, důstojnosti, říkal jsi, já nemám, z čeho bych se zpovídal, odpusťte vy i váš Bůh."

„Fakt, nemám," řekl jsem udiveně a zcela upřímně znovu.

To jsem tenkrát na farské zahradě opakoval. Ještě jsme tu zahradu přecházeli bez obav, ještě jsme se nemuseli vyhýbat žádnému hrobu. Ještě jsem se rozhodoval, co budu vlastně dělat, a ještě jsem nepotěžkal Jarmilino maličké tělo. Dnes už bych se zpovídal hned natřikrát. Že jsem dal přednost kráse před soucitem, že jsem pracoval skoro dvacet roků v otrocké mzdě a že co na srdci, to na jazyku.

„Komm heraus ins volle Licht", sagte ich. „Mir ist schlecht geworden. Ein Zeichen!"

„Mikuláš, nimm dich in acht!" sagte Štěpán. „Ich bin, der ich bin, hat Gott sich selbst aus eigener Macht definiert. Willst du dich auf ähnliche Weise aus deiner eigenen Angst definieren? Bevor du aus der Kirche ausgetreten bist, hast du mir gebeichtet. Das war nur noch ein Spiel zwischen uns beiden. Ich werde nie dein feines Lächeln vergessen, das ich durch das Gitter des Beichtstuhls sah. Freund, Hochwürden, hast du gesagt, ich habe nichts zu beichten, mögen Sie und Ihr Gott mir vergeben."

„Ich habe auch jetzt nichts zu beichten", sagte ich erstaunt und wiederum ganz ehrlich, damals im Pfarrhausgarten.

Durch diesen Garten bewegten wir uns arglos, noch brauchten wir keinem Grab auszuweichen. Noch überlegte ich, was ich machen sollte, noch hatte ich Jarmilas zierlichen Körper nicht in den Armen gehalten. Heute hätte ich gleich dreierlei zu beichten: daß bei mir Schönheit vor Mitgefühl kommt, daß ich fast zwanzig Jahre lang Lohnarbeit geleistet und daß ich das Herz auf der Zunge habe.

„Theologisch betrachtet", setzte Štěpán damals seine Überlegungen fort, „scheust du die Sünde. Staatsbürgerlich betrachtet, willst du nicht solidarisch sein. Du solltest deinen Außenseiterstandpunkt einmal bis zum Ende überdenken, aus deinen absoluten Maßstäben die Konsequenzen ziehen, und wenn du zu Ende gedacht hast, wirst du wissen, daß der Heilige immer einem Märtyrer gleichkommt und daß Meinungsverschiedenheit unter den Bedingungen der Diktatur nur Revolution

„Teologicky vzato," pokračoval ve své úvaze tenkrát Štěpán, „štítíš se hříchu. Vzato občansky, nechceš být solidární. Domysli svoje mezní stanoviska, doveď do důsledku svoje absolutní měřítka, a když domyslíš, budeš vědět, že světec rovná se vždycky mučedník a že nesouhlas v podmínkách diktatury znamená jen revoluci. Když domyslíš. A jestli to nehodláš domyslet, tak si vůbec nezačínej hrát s takovými nebezpečnými pojmy, jako jsou čistá existence a čisté svědomí."

Byl jsem ještě velmi mladý. Měl jsem zlost a polekal jsem se. Řekl jsem: „Co mi tedy radíš?"

„Neradím ti vůbec nic. Rozebírám jen tvoji situaci."

Rozhovor mě velmi unavil. Štěpán si toho všiml a poslal mě spát. Předtím jsme ze záhonu vytáhli šťavnaté, palčivé ředkve. Se solí byly nezapomenutelné. Na tom místě jsme potom později pochovali Václava.

Za týden jsem seděl u prkna a kreslil. U toho prkna kreslím dodnes. Dalo by se říct, že také trochu projektuji, ale víc jsem toho promyslel. Copak se to děje, že se inženýr Rychta najednou zajímá o můj starý osobní projekt?

Šel jsem si koupit dvě housky. Dvě housky jsem snědl. Byly výborné, křehké a křupavé, nesly jasné zrnko kmínu. Tak prosím, někdo peče dobré housky, rád bych mu blahopřál, takové má štěstí.

Chtěl bych také péct takové dobré housky jakožto architekt, takové chutné, osobní housky. Ale jakožto architekt mám situaci obtížnější, ba nemožnou. Představuji si všechno jinak, než se to dělá. A já ti, milý Štěpáne, po třech pěti-

bedeutet. Und wenn du nicht bereit bist, zu Ende zu denken, dann fang erst gar nicht an, mit so gefährlichen Begriffen wie reine Existenz und reines Gewissen zu spielen."

Ich war noch sehr jung. Ich wurde wütend und erschrak. Ich sagte: „Was rätst du mir also?"
„Ich rate dir gar nichts. Ich analysiere nur deine Situation."

Das Gespräch hatte mich sehr ermüdet. Štěpán merkte das und schickte mich schlafen. Wir zogen aber noch saftige, scharfe Radieschen aus einem Beet. Mit Salz schmeckten sie unvergeßlich. An derselben Stelle begruben wir später Václav.

Binnen einer Woche saß ich am Reißbrett und zeichnete. Auf diesem Reißbrett zeichne ich noch heute. Man könnte sagen, daß ich mich auch ein bißchen mit Projekten befaßt habe, aber nur in Gedanken. Was ist denn los, daß Ingenieur Rychta sich plötzlich für mein altes persönliches Projekt interessiert?

Ich ging mir zwei Semmeln kaufen, die ich anschließend aß. Sie schmeckten hervorragend, waren frisch und groß, mit Kümmel bestreut. Na bitte, da bäckt jemand gute Semmeln, ich möchte ihm gratulieren, dem Glückspilz.

Ich möchte als Architekt auch so gute Semmeln backen, so appetitliche, persönliche Semmeln. Aber als Architekt befinde ich mich in einer schwierigen, schier unmöglichen Situation. Ich stelle mir alles anders vor, als es gemacht wird. Und dir, lieber Štěpán, muß ich nach drei Fünfjahresplänen recht geben. Die Alternative ist klar und einfach: Lang-

letkách dávám za pravdu. Alternativa je jasná a prostá: nuda, nebo revoluce. Já si s těmi pojmy nejen hrál, já je domyslil do všech důsledků, mám na to dost velkou fantazii a čára je nekonečné množství bodů.

Moje osobní výčitky dostaly opět konkrétnější obrys. Mám domyšleno, dávno domyšleno, a nic jsem neudělal. Zvolil jsem si krásné povolání. Nevím o krásnějším povolání než být architektem. Ale hned na počátku jsem poznal, že být architektem znamená také být v konfliktu. Proč jsem ustupoval a kam jsem to ustoupil? Síly jsou mocnější, řekneš si, ano. Ale teď už ke každému svému ano si budeš taky říkat — ale.

A kdyby to bylo možné, rád bych se omluvil každému, komu jsem se nepostavil pevně a příkře na odpor.

weiligkeit oder Revolution. Mit diesen Begriffen habe ich nicht nur gespielt, ich habe alles bis zur letzten Konsequenz durchdacht, an Phantasie mangelt es mir ja nicht, und eine Linie ist eine unendliche Menge von Punkten.

Meine Gewissensbisse haben wieder konkretere Umrisse bekommen. Ich habe zu Ende gedacht, und geschaffen habe ich nichts.

Einen schönen Beruf habe ich mir gewählt. Ich kenne keinen schöneren als den des Architekten. Aber ich habe gleich am Anfang erkannt, daß Architekt sein zugleich in Konflikt sein bedeutet. Warum habe ich mich zurückgezogen und wohin? Die Kräfte sind stärker, sagst du dir; ja. Aber von nun an wirst du deinem Ja noch etwas hinzufügen: ein Aber.

Und wenn es möglich wäre, dann würde ich mich gern bei jedem entschuldigen, gegen den ich mich nicht fest und hart zur Wehr gesetzt habe.

Übersetzung:
Alexandra und Gerhard Baumrucker

Ota Filip

Café Slavia
Kavárna Slávie

Prolog

Fünfunddreißig Jahre lang ging ich täglich — Sonn- und Feiertage ausgenommen — zwischen elf Uhr und elf Uhr dreißig über die Karlsbrücke vom rechten Moldauufer zum linken. Um von der Prager Neustadt nach Smichow unter dem Laurenziberg zu gelangen, hätte ich den kürzeren Weg über die Brücke des 1. Mai nehmen können. Wenn ich jetzt bedenke, daß ich fünfunddreißig Jahre lang jedes Jahr mindestens dreihundertmal einen Umweg von zweieinhalb Kilometern und von dreißig Minuten einschlug, dann komme ich zu dem Schluß, in meinem Leben überflüssige 26 250 Kilometer gewandert zu sein und dabei 5 250 Stunden von der mir zubemessenen Zeit verloren zu haben. Ich bin also um die halbe Erdkugel herummarschiert, habe dabei auf meinem Umweg 220 Tage und Nächte vergeudet und kam nie weiter, als von dem rechten auf das linke Moldauufer.

Der ursprüngliche Grund für meinen langen Umweg lag vielleicht darin, daß ich den lärmenden Straßenbahnen und den mir lästigen Menschen auf der Brücke des 1. Mai ausweichen wollte. Auf dieser Brücke fühlte ich mich nicht wohl. Sie hat auch zu oft den Namen gewechselt; außerdem schien sie mir, obwohl gerade in der Mitte auf die Schützeninsel gestützt, nicht sicher genug. So wählte ich lieber den Umweg über die Karlsbrücke. Wenn ich heute diese nachträgliche Begründung meiner unzähligen

Celých pětatřicet let — kromě nedělí a svátků — jsem chodíval mezi jedenáctou a půl dvanáctou přes Karlův most z pravého břehu Vltavy na levý. Byl bych se mohl dostat z Nového Města na Smíchov pod Petřín kratší cestou přes most 1. máje. Když si teď pomyslím, že jsem pětatřicet let chodil rok co rok přinejmenším třistakrát dvouapůlkilometrovou a třicet minut trvající oklikou, vyvozuji z toho, že jsem za život urazil zbytečných 21 250 kilometrů a ztratil přitom 5 250 hodin z času, který je mi vyměřen. Obešel jsem půl zeměkoule, promrhal jsem tou zacházkou 220 dní a nocí a nedostal jsem se nikdy dál než z levého na pravý vltavský břeh.

Prapříčina mé dlouhé okliky spočívala nejspíš v tom, že jsem se chtěl vyhnout hlučným tramvajím a nemilým lidem na mostě 1. máje. Necítil jsem se na tom mostě dobře. Měnil také příliš často jméno; navíc se mi nezdál dost bezpečný, přestože se přesně v polovině opírá o Střelecký ostrov. Takže jsem radši volil tu zacházku přes Karlův most. Když si dnes uvědomím tohle dodatečné zdůvodnění nesčetných oklik, ten příšerný počet zdánlivě zbytečně odpochodovaných kilometrů a čas, o který jsem přitom přišel, popadá mě čirá hrůza. Bohužel je to skoro vždycky tak, že naše rozhodnutí, třeba jsme je mínili sebelíp a rozvážili sebelogičtěji, bývají, jak se později ukáže, nicotná a dokonce hloupá.

Umwege mit der ungeheueren Zahl von scheinbar zwecklos gewanderten Kilometern und mit der Zeit, die ich dabei verloren habe, bedenke, packt mich schieres Entsetzen. Es ist leider fast immer so, daß unsere Entscheidungen, wenn auch gut gemeint und logisch überlegt, sich später in ihren Folgen als nichtig, ja als dumm erweisen.

Allerdings kann ich diese scheinbare Vergeudung von Energie und Zeit heute, da sie bereits der Vergangenheit angehört, nicht ganz als einen unersetzlichen Verlust ansehen. Hätte ich vor Jahren den Weg über die Brücke des 1. Mai gewählt, die die Prager Neustadt direkt mit Smichow verbindet, wäre ich nie Nikolaus Graf Belecredos begegnet, diesem wunderlichen Mann, meinem einzigen Freund, dessen Zuneigung meinen fünfunddreißig Jahre langen Umweg nicht nur aufwerten, sondern auch zu rechtfertigen scheint.

Da ich von meiner Bekanntschaft mit Nikolaus Graf Belecredos zu erzählen beginne, fühle ich mich dazu verpflichtet, gleich zu Beginn zwei Dinge, die diese Beziehung ins richtige Licht rücken, zu erklären: Zwanzig Jahre lang bin ich fast täglich auf der Karlsbrücke Graf Belecredos begegnet, habe ihn jedoch nicht wahrgenommen. Als er mich dann eines Tages ansprach, fühlte ich mich zuerst gestört, ja gekränkt, denn schließlich habe ich meinen langen Umweg nicht deshalb gewählt, um von einem wildfremden Menschen vor der Statue des Brückenheiligen Jan Nepomuk aufgehalten und angesprochen zu werden.

Das erste Gespräch zwischen Nikolaus Graf Belecredos und mir entwickelte sich folgendermaßen: Ich stand drei

Ovšem tohle domnělé marnění energie a času nemohu dnes, kdy už patří minulosti, pokládat za dočista nenahraditelnou ztrátu. Kdybych se byl totiž před lety rozhodl pro cestu přes most 1. máje, spojující, jak bylo řečeno, Nové Město pražské přímo se Smíchovem, nebyl bych nikdy býval potkal hraběte Mikuláše Belecredose, toho podivuhodného muže, svého jediného přítele, jehož náklonnost, jak se zdá, nejen zhodnocuje, ale i ospravedlňuje tu mou pětatřicet let dlouhou zacházku.

Pouštím-li se teď do vyprávění o své známosti s hrabětem Mikulášem Belecredosem, pokládám za svou povinnost vysvětlit hned na počátku dvě věci, které vrhají na náš vztah správné světlo: potkával jsem hraběte Belecredose na Karlově mostě skoro denně a přitom jsem si ho nikdy nevšiml. Když mě pak jednoho dne oslovil, cítil jsem se zprvu vyrušen ba dotčen — nevybral jsem si tu dlouhou zacházku koneckonců proto, aby mě nějaký naprosto neznámý mužský zastavil a oslovil před sochou svatého na mostě, Jana z Nepomuku.

První rozhovor mezi hrabětem Belecredosem a mnou se odehrál takto: stál jsem tři kroky před svatým Janem Nepomuckým a díval jsem se upřeně na víc než šest pater vysokou sochu generalissima Stalina na svahu nad levým vltavským břehem. Tu se někdo dotkl mého ramene. Otočil jsem se a uviděl jsem před sebou zchátralého důchodce, který zažil určitě lepší časy. Řekl: „Potkáváme se tu na mostě už celá léta. Já přicházím v tuto dobu denně od levého břehu a vy od pravého."

„Neznám vás," odpověděl jsem podrážděně.

In München. V. l.: / V Mnichově. Zleva: Petr Prouza, Ota Filip

Schritte vor dem Heiligen Nepomuk und starrte die über sechs Stockwerke hohe Statue von Generalissimus Stalin auf dem Abhang oberhalb des linken Moldauufers an. Da berührte jemand meine Schulter. Ich drehte mich um und sah vor mir einen verkommenen Rentner, der bestimmt bessere Zeiten gesehen hatte. Er sagte: „Seit Jahren begegnen wir uns hier auf der Brücke. Ich komme täglich zu dieser Zeit vom linken, Sie vom rechten Ufer."

„Ich kenne Sie nicht", erwiderte ich gereizt.
„Ich kenne Sie aber, besser gesagt, ich beobachte Sie schon seit zwanzig Jahren. Mir scheint es, als hätten Sie sich in den langen Jahren gar nicht verändert. Ich dagegen", in diesem Augenblick schien es mir, als hätte ich in seiner Stimme

„Ale já vás znám, lépe řečeno, pozoruji vás už dvacet let. Připadá mi, jako byste se za ta dlouhá léta vůbec nezměnil. Zato já," v tom okamžiku se mi zazdálo, jako bych v jeho hlase zaslechl stín ješitnosti, „zato já jsem každý den jiný člověk."
„Máte moc řečí," vyjel jsem na něho. „Střídat šaty a nasazovat si masky, to nemusí na člověku ještě nic změnit."

Muž si mě změřil. Něco mi na jeho očích vadilo; nejen to, že šilhaly. Po několika dlouhých vteřinách se mne zeptal: „Chcete si vyslechnout můj příběh?"
„Ne."
„To je mi líto, milý pane, jenže vy už do mého příběhu taky patříte," řekl tiše hlasem, který by se spíš hodil k nějakému vyděrači nebo podvodníkovi. „Potkáváme se tady na tom mostě dvacet a vlastně víc než dvacet let. Velice často

Spuren von Eitelkeit entdeckt, „bin jeden Tag ein anderer Mensch."

„Sie reden zu viel", fuhr ich ihn barsch an. „Der Mensch kann seine Kleider wechseln und Masken aufsetzen, damit ist es aber mit seiner Veränderung noch nicht getan."

Der Mann musterte mich. Etwas störte mich an seinen Augen; es war jedoch nicht nur die Tatsache, daß sie schielten. Nach langen Sekunden fragte er mich: „Wollen Sie meine Geschichte hören?" „Nein." „Es tut mir leid, lieber Herr, Sie sind aber schon ein Bestandteil meiner Geschichte", sagte er leise und mit einer Stimme, die eher zu einem Erpresser oder zu einem Betrüger paßte. „Zwanzig, ja über zwanzig Jahre begegnen wir uns hier auf dieser Brücke. Ich habe mich schon sehr oft gefragt: Woher kommt der Mann, wohin geht er und wieso jeden Tag um die gleiche Stunde?" „Das geht Sie …" „Unterbrechen Sie mich bitte nicht! Freilich, es geht mich nichts an, aber immerhin ist die Tatsache, daß wir uns täglich begegnen, für mich ein Zeichen …" „Wir begegnen täglich Hunderten von Menschen. Zufällige Begegnungen, dazu noch unbewußte, ja nicht einmal wahrgenommene, haben keine Bedeutung." Im Augenblick, als ich diesen Satz ausgesprochen hatte, begann ich aus unerklärlichen Gründen an seinem Inhalt zu zweifeln.

Der Mann sah mich ernst an, er trat einen Schritt zurück und sagte dann mit einer nachdenklichen Stimme: „Unsere Begegnungen waren und sind vielleicht ein Zufall, aber irgendwo im Schatten die-

jsem si už říkal: odkud ten muž přichází, kam jde a jak to, že každý den ve stejnou hodinu?" „Po tom vám nic …" „Nechte mě, prosím, domluvit! Samozřejmě, že mi po tom nic není. Nicméně to, že se denně potkáváme, je pro mne znamením …" „Potkáváme denně stovky lidí. Náhodná a navíc bezděčná setkání, která dokonce ani nevnímáme, nic neznamenají." Sotva jsem tu větu vyslovil, začal jsem o ní z jakýchsi nevysvětlitelných důvodů pochybovat.

Muž se na mne vážně podíval, ustoupil o krok a řekl potom zamyšleně: „Že se potkáváme, byla a je možná náhoda, ale někde ve stínu té, jak říkáme, náhody, se skrývá něco, co máme společného. Mohl byste například být můj syn." „Vy jste se zbláznil." Byl příliš zahloubán do svých myšlenek, než aby tu urážku zaznamenal. „Jak se jmenujete?" zeptal se mne. „Po tom vám nic není." „Ach, promiňte, zapomněl jsem se představit. Hrabě Mikuláš Belecredos, poslední a zapomenutý." Zamumlal jsem svoje jméno. „Jste Pražan?" „Ne." „Bydlíte v Praze?" „Ano." „Jste ženatý?" „Ano," houkl jsem vztekle. „Máte děti?" „Dvě." „Povolání?" „Spisovatel." „Och!" dechl Belecredos. „A kde bydlíte?" „V Řeznické číslo 14." „Druhé poschodí vpravo?" Jeho pravé oko se upíralo na mne, levé se

ses, wie wir sagen, Zufalls steckt eine Gemeinsamkeit. Sie könnten zum Beispiel mein Sohn sein."

„Sie sind verrückt."

Der Mann war zu sehr in seinen Gedanken vertieft, um meine Beleidigung wahrzunehmen.

„Wie heißen Sie?" fragte er mich.

„Das geht Sie nichts an."

„Oh, verzeihen Sie, ich habe vergessen, mich vorzustellen. Nikolaus Graf Belecredos, der Letzte und der Vergessene." Ich murmelte meinen Namen.

„Sie sind ein Prager?"

„Nein."

„Sie wohnen in Prag?"

„Ja."

„Sind Sie verheiratet?"

„Ja", stieß ich wütend aus.

„Haben Sie Kinder?"

„Zwei."

„Beruf?"

„Schriftsteller."

„Oh!" hauchte Belecredos. „Und wo wohnen Sie?"

„In der Fleischergasse Nummer 14."

„Zweiter Stock rechts?"

Sein rechtes Auge starrte mich an, das linke blickte über meine Schulter ins Ungewisse.

„Antworten Sie bitte! Zweiter Stock rechts?"

„Ja, zweiter Stock rechts."

Er schien mir in diesem Augenblick kleiner geworden, als wäre er ein wenig zusammengeschrumpft. Auch seine Stimme wurde weicher, ja fast gerührt.

„Sehen Sie, und dann soll ich an zufällige Begegnungen glauben? Ich sagte es ja schon: Im Schatten des Zufalls hockt stets eine Gemeinsamkeit. In dieser Wohnung, junger Mann", fuhr Graf Belecredos mit einer erhobenen Stimme

mi dívalo přes rameno někam do neznáma.

„Odpovězte, prosím! Druhé poschodí vpravo?"

„Ano, druhé poschodí vpravo."

Zazdálo se mi, že se v tom okamžiku zmenšil, jako by se maličko scvrkl. I hlas měl najednou měkčí, ba dokonce dojatý.

„No vidíte, a jak mám potom věřit na náhodná setkání? Říkal jsem přece: ve stínu náhody se vždycky choulí nějaká vzájemnost. V tom bytě, mladý muži," pokračoval hrabě Belecredos povzneseným hlasem, „jsem v lednu 1912 viděl Lenina, slyšel jsem ho mluvit a leccos jsem tam zažil!" Znovu se nadmul, nasadil však skromný, skoro důvěrný tón a zeptal se: „Chcete si teď tu mou historii vyslechnout?"

Od onohe dne čekal hrabě Mikuláš Belecredos přesně v půl dvanácté před sochou svatého Jana Nepomuckého. Bylo velice těžké ho poznat, protože měl každý den jinou masku. Jednou byl přidrzlý bohém, potom zas trudnomyslný melancholický pán z lepších kruhů, ale většinou vypadal jako obyčejný chodec se znuděným výrazem v tváři.

Při procházkách po Karlově mostě se hrabě Belecredos v prvních pěti letech naší známosti často vracíval k tématu „záchrana duše". Přesto se mu nepodařilo vysvětlit mi to jeho beznadějné „zachraňování" — tohle téma mě vždycky nudilo. Jednou se zarazil uprostřed věty a potom prohlásil: „Údajná kněžna Jelizaveta Myškinová! To ona mi od toho podivuhodného okamžiku, kdy jsem poprvé pochopil obsah skrytý v melodii řeči, začala vtloukat do hlavy: „Zachraň svou duši, Mikuláši!"

fort, „habe ich im Januar 1912 Lenin gesehen, reden gehört und so manches erlebt!" Er blähte sich wieder auf, wählte jedoch einen bescheidenen, fast vertraulichen Ton und fragte: „Wollen Sie jetzt meine Geschichte hören?"

Seit jenem Tag wartete Nikolaus Graf Belecredos Punkt halb zwölf vor der Statue des Heiligen Nepomuk. Es war für mich sehr schwer, ihn zu erkennen, denn er legte jeden Tag eine andere Maske an. Einmal war er der kesse Bohemien, dann wieder der schwermütige, melancholische Herr aus besseren Kreisen, meistens aber war er ein ganz gewöhnlicher Passant mit gelangweiltem Ausdruck.

Während unserer Spaziergänge auf der Karlsbrücke kam Graf Belecredos in den ersten fünf Jahren unserer Bekanntschaft oft auf das Thema „Rettung der Seele" zurück. Es gelang ihm jedoch nicht, mir, einem Menschen, den dieses Thema stets gelangweilt hatte, diesen hoffnungslosen Rettungsvorgang zu erklären. Einmal blieb er mitten im Satz stecken, dachte nach und fuhr mit der Feststellung fort: „Die mutmaßliche Fürstin Jelissatewa Mischkina war es, die mir seit dem wunderbaren Augenblick, als ich zum ersten Mal der Melodie der Sprache einen Inhalt geben konnte, einhämmerte: ‚Rette deine Seele, Nikolaus!'"

Über seine Seele sagte er nichts. Nur einmal erzählte er mir, daß er sich seine Seele als eine Glaskugel, mit kristallklarem Wasser gefüllt, vorstelle, in der goldene, gelbe und rote Zierfische ruhig, fast ohne sich zu bewegen, schwimmen und ihn anglotzen. Ein ganzes Leben lang, sagte er, trüge er die Glaskugel mit

O své duši neříkal nic. Jen jednou mi vypravoval, že si ji představuje jako skleněnou kouli naplněnou křišťálovou vodou, v níž plavou klidně, skoro bez hnutí, okrasné zlaté, žluté a červené rybičky a třeští na něho oči. Tu skleněnou kouli prý nosí celý život před sebou v napřažených rukou. A jeho úkolem prý je, jak mi tvrdil, pro můj vkus trochu přepjatě, tu kouli někam nosit nepořádně vydlážděnými, vlhkými a tmavými pražskými uličkami kolem začarovaných domů a nenatáhnout se přitom jak široký, tak dlouhý. O mnoho let později si Mikuláš představoval svou duši jako obrovskou skleněnou kouli plnou barevných mračen a cárů mlhy. A tvrdil, že jeho hlava vězí uprostřed té koule.

Teprve v druhém roce naší známosti jsem zjistil, že Belecredos nevynáší nikdy o nikom, ani o sobě, žádné soudy. Když už se mu zdálo, že nezbývá než vyslovit nějaký názor, říkal ho s jakýmsi spodním tónem lítosti a rezignace. Znovu a znovu se vracel ke svým, jak říkal, ranním pobožnostem. Každodenní samomluvy u otevřeného okna jeho bytu v nejhořejším poschodí velvyslanectví Čínské lidové republiky byly pro Mikuláše něco jako ranní modlitba, jakési sebepřizpůsobování věčně proměnlivým atmosférickým poruchám dne. Přičichl si vždycky k rannímu šírání, aby si mohl zhotovit masku přesně odpovídající větrné korouhvičce na chrámu svatého Mikuláše. Pravým krátkozrakým okem si prohlížel v zrcadle obličej, který se mu nikdy nelíbil. Levé oko, učiněný přírodní div dalekozrakosti, obhlíželo vnitřní město. Dívalo se na malostranské střechy začerněné mastnými sazemi, na hnilobně zelený, obrovský, k nebi vzdutý prs kopule svatého Mikuláše, na Vltavu a Karlův most.

ausgestreckten Armen vor sich her. Seine Aufgabe sei es, behauptete er für meinen Geschmack zu überschwenglich, die Glaskugel durch die schludrig gepflasterten, feuchten und finsteren Prager Gassen, an verzauberten Häusern vorbei, irgendwohin zu tragen, ohne auf die Nase zu fallen. Viele Jahre später sah Nikolaus seine Seele als eine riesige Glaskugel voll von farbigen Wolken und Nebelschwaden. Sein Kopf, so behauptete er, stecke mittendrin.

Erst im zweiten Jahr unserer Bekanntschaft stellte ich fest, daß Belecredos über andere, wie auch über sich selbst, nie Urteile fällte. Wenn er sich schon dazu gezwungen sah, eine Meinung zu äußern, dann sprach er sie mit einem Unterton des Bedauerns und der Resignation aus. Immer wieder kehrte er zu seinen, wie er sagte, Morgenandachten zurück. Die täglichen Selbstgespräche am offenen Fenster seiner Wohnung im obersten Stockwerk der Botschaft der Volksrepublik China waren für Nikolaus sein Morgengebet, eine Art von Einstimmung auf die sich ständig verändernden atmosphärischen Störungen des Tages. Er beschnupperte die Morgendämmerung, um eine der Wetterfahne über der Kuppel der Sankt Niklaskirche genau entsprechende Maske anlegen zu können. Mit dem rechten, dem kurzsichtigen Auge, besah er im Spiegel sein Gesicht, an dem er nie Gefallen gefunden hatte. Das linke Auge, ein Naturwunder an Weitsichtigkeit, überschaute den Stadtkern. Es sah die von fettem Ruß geschwärzten Dächer der Kleinseite, den faulig grünen, riesigen, himmelanschwellenden Busen der Kuppel von Sankt Niklas, die Moldau und die Karlsbrücke. Die Pfeiler der Brücke, erzählte er mir, gleichen sech-

Pilíře toho mostu, vypravoval mi, se podobají šestnácti zkamenělým pozdně středověkým rytířům, kterým usekli horní část těla mečem. Klečí už po staletí v hnědé vodě. Vykrváceli, a zmumifikovaní, zvápenatělí a zaražení do bahna a břidlice, nedokázali udržet v proudu přesný zákryt. Kdysi býval most nejkratším spojením mezi Malou Stranou a Staroměstskou mosteckou věží, teď však je několikrát zalomený. Při pohledu z levého vltavského břehu to dělá dojem, tvrdil Mikuláš, jako by se některé pilíře po proudu posunuly. Od šestého pilíře most poklekl a teprve uprostřed řeky si znovu našel přímou čáru k mostecké věži na pravém břehu.

Hranici mlhy oddělující jeho krátkozrakost od dalekozrakosti nedovedl nikdy přesně určit. Tvořila kruh, který se někdy roztahoval, jindy se přisunul tak těsně k němu, že nemohl v mlze popadnout dech.

Socha Karla IV. nalevo od Staroměstské mostecké věže však zůstávala — byla pro Mikuláše velice důležitá, protože mě znovu a znovu nutil dívat se na sochu císaře a krále navlas stejně jako on — neustále v zorném poli jeho dalekozrakého oka.

Já jsem bohužel viděl jenom, jak tu korunovanou a pomazanou hlavu obletují šediví pražští holubi. Karel se matně leskl; hlavu s korunou měl vždycky předkloněnou, ramena unavená a nechával už celé století ty drzé ptáky, aby na něho káleli.

Přeložil: Sergej Machonin

zehn versteinerten spätmittelalterlichen Rittern, denen man den Oberleib mit dem Schwert abgeschlagen hat. Sie knien seit Jahrhunderten im braunen Wasser. Ausgeblutet und mumifiziert, verkalkt, in Schlamm und Schiefer gerammt, haben sie in der Strömung des Flusses keine gerade Linie halten können. Einst bildete die Brücke die kürzeste Verbindungslinie zwischen der Kleinseite und dem Altstädter Brückenturm, jetzt war sie aber mehrfach geknickt. Vom linken Moldauufer betrachtet wirkt es, behauptet Nikolaus, als hätten sich einige Pfeiler stromabwärts verschoben. Vom sechsten Pfeiler an ging die Brücke in die Knie, und erst in der Mitte des Flusses fand sie ihre direkte Linie zum Brückenturm am rechten Ufer wieder.

Die Nebelgrenze, die seine Kurzsichtigkeit von der Weitsichtigkeit trennte, konnte er nie bestimmen. Sie bildete einen Kreis, der sich manchmal ausweitete, ein andermal dicht an ihn heranrückte, so daß er im Nebel nicht atmen konnte.

Die Karlsstatue, links vom Altstädter Brückenturm, blieb jedoch — sie war für Nikolaus sehr wichtig, denn er zwang mich immer wieder, die Statue des Kaisers und Königs genauso wie er zu sehen — ständig im Blickfeld seines weitsichtigen Auges.

Ich sah leider nur, wie die grauen Stadttauben den Gekrönten und Gesalbten umflatterten. Karl glänzte matt; das Haupt mit der Krone immer nach vorne geneigt, die Schultern ermüdet, ließ er sich seit einem Jahrhundert von den frechen Vögeln beschmutzen.

Rudolf Mayer-Freiwaldau

Erfahrung 90-5-2

Vielemale
    am Schlagbaum wievielmal
    Hammer und Sichel getauscht
    umgewandelt in Spaltpilze
Niemandsrosen Schlachtkränze
    Seidengitter
wie waren die Nachmittage freundlich
    und hell mit Nonnenschleiern

Am Schlagbaum
    angehalten mich selbst
    Angst vor Grenzüberschreitung
Haßverstümmelung
    das Ende der Spottlieder
vielleicht auf Verdacht
    hin von Neumond mit Lichtspalieren

Wie die Stars die Nüstern
    blähen die Rotkammbolzer
    alles auf und unter
    der Halskrause
Atembeschwerden was sonst
    noch passiert ist nicht
    erwähnenswert am Schlagbaum
Fluchtgedanken zu spät
    du hast die Legalität
    gewählt

Rudolf Mayer-Freiwaldau

Zkušenost 90-5-2

Bezpočtukrát
    u závor kolikrát
    se srp a kladivo
    proměňovaly v plíseň
růže nikoho bitevní věnce
    hedvábné mříže
jak odpoledne zdůvěrněla
    a zjasněla šláři jeptišek

U závor mě zadržel
    strach
    překročit hranici
přiškrcená zášť
    konec hanlivých popěvků
snad navzdor podezření
    od novoluní ve špalírech světla

Jako stars jimž se dmou nozdry
    nafukují rudohřebínkatí
    oblé
    oblasti krejzlíku
Potíže s dechem a co jiného
    se ještě stane
    nestojí za řeč u závor
Pozdě pomýšlet na útěk
    zvolil jsi
    legalitu

Prager Sommer

Meine Finger
in die Kleinseite
deiner Hand

Wie sich der Ballen
zuckend hebt und senkt
vom Strom her

die Sommerwinde
eine Turmfahne schreit auf
wenn der Hahn tanzt

Weiß die Taube
jetzt auf Hussens Stirn
trommelt die Uhr

die die Stunden ein
bis zum Abschied
und die Fanfaren

erinnern
vom Pranger
an Schmähungen

und rollende Köpfe
hier das weiß
die Taube jetzt

Pražské léto

Mé prsty se chápou
Malé Strany
tvé dlaně

Jak se to celé
trhaně zvedá a klesá
hnáno proudem

s letními vánky
vlajka na věži vzkřikne
když kohout tančí

ví teď holubice
na Husově čele
odbíjejí hodiny

tvé chvíle
až do rozchodu
a fanfáry

od pranýře
připomínají
pohanu

a kutálející se hlavy
tady to holubice
teď ví

Báseň v zelené
(Věnováno Franzi Kafkovi)

Mé kroky
po zvlněné dlažbě
odpružil proud
řeky

Sám za sebou
předem v předklonu
v temně zeleném
rámu dveří
Kafkova domu

Nepřístupné
schody
vzhůru

Každé z oken
vede z druhé strany
do zeleného bezedna
dešťového pralesa

Nesčetněkrát
znovu prožívat
tváří v tvář
defenestraci snů

Přeložila Michaela Jacobsenová

Gedicht im Grünen
(Für Franz Kafka)

Im Fluß
meine Schritte
über den Pflasterwellen
abgefedert

Ich hinter mir
im voraus gebückt
unter dem dunkelgrünen
Türrahmen
vom Kafka-Haus

Unzugänglich
die Treppe
aufwärts

Jedes Fenster
der Rückwand führt
ins bodenlose Grün
des Regenwalds

Vielemale
den Fenstersturz
der Träume durchlebt
vis-a-vis

Rudolf Mayer-Freiwaldau in Prag / v Praze

In Königgrätz. V. l. / V Hradci Kralové. Zleva: Gerd Holzheimer, Lenka Chytilová, Josef Hrubý

Josef Hrubý

Aus den Augen
in die Augen

Das Gedicht schaut mir aus den Augen

Ich schreibe dir
über das Tal der Heidelbeeren
über den Hain des Holunders
über den Höhenzug der Tauben
über den Jammer der gläsernen Pauken

Z očí do očí

Die Augen haben mich verjagt
Ich öffne die Lampentür
Ich lösche das Fenster
Das Papier brennt
Hain Hügelzug Tür

Báseň mi kouká z očí

Vorsicht
stoße dich nicht am Glanz
der speergleich die Musik durchbohrt
Maestro Mozart eilt vorbei
mit Regen hinter dem Herzen

Píšu ti
o Údolí borůvek
o Háji bezinek
o Pohoří holubů
o Hoře skleněných tympánů

Geigen!
Leiht mir eine Saite
damit ich mich einrollen kann

Oči mne zahnaly
Otvírám lampu
A zháším okno
Papíry hoří
Háje Pohoří Dveře

Das Gedicht schaut mir in die Augen

Pozor
neuhoď se o třpyt
který jak oštěp protíná hudbu
Maestro Mozart tu přebíhá
s deštěm za srdcem

Housle!
Půjčte mi strunu
Ať se schoulím

Báseň mi kouká do očí

105

Reflexe

Gut genutzte Gesichter
Berührungen unbarmherzig
wie ein Diamant
Panische Augen
Belehrte Beine

Sekunden gevierteilt
wie ein Stier
und aufgepfropft
einer Unzahl von Dingen

Wohin du blickst
sind sie eingeschlagen:
die samtenen Krallen der Dinge!

Reflexe

Dobře použité tváře
Doteky nemilosrdné
jako démant
Panické oči
Poučené nohy

Vteřiny čtvrcené
jako býk
a štěpené v další
nespočet věcí

Kam se podíváš
tam jsou zaťaté:
sametové drápy věcí!

Půlnoc

Poslouchej lásko
na celém kontinentě
odbíjí půlnoc
a říká:
Kdo jsi?
A co jsi zač?

Zatímco stíny se objímají
píše noc naše jména
na vodopád
a na studánky

Mitternacht

Höre meine Liebe
auf dem ganzen Kontinent
schlägt es Mitternacht
und fragt:
Wer bist du?
Und was bist du für eine?

Während sich Schatten umarmen
schreibt die Nacht unsere Namen
in den Wasserfall
in die Brunnen

Übersetzung Franz Peter Künzel

Ivan Binar

Kunstkitterei
Kytovna umění

Fragmente aus einer umfangreicheren Prosa
Fragmenty z rozsáhlejší prózy

IN MEIN GLATTES NOTIZHEFT schrieb ich Ende August '68 die im Radio durchgesagten Ereignisse, damit Petr — wenn er groß genug ist — eine Erinnerung an ein historisches Ereignis hat, an dem er ungefähr so teilnahm, wie ich vor Jahren am zweiten Weltkrieg teilgenommen habe. Bei der Hausdurchsuchung im Jahr 1971 stahl mir Major Janecko das Notizheft, blätterte es durch, las es vielleicht sogar, gab es aber nicht zurück. Petr ging also leer aus. Damals beschäftigte sich der Junge mit Himbeeren und Herumschlendern im Gras, für das historische Ereignis zeigte er kein Interesse. Niemand fragte ihn um seine Meinung, obwohl in diesen Tagen über sein Schicksal entschieden wurde. Nicht einmal wir, die wahlberechtigten Staatsbürger, wurden gefragt. Im Rundfunk haben sie uns zur Bewahrung der Ruhe ermahnt, zu „staatsmännischer Klugheit" — ohne Begründung. Und wir, die wahlberechtigten Staatsbürger, hißten die tschechoslowakische Fahne auf Halbmast, zum Zeichen der Trauer, beschimpften den polnischen Grenzbeamten in Biskupska Kupa, malten ein Transparent mit der Aufschrift LENIN, WACH' AUF, BRESCHNJEW IST DURCHGEDREHT — in der Meinung, daß Lenin zu etwas Ähnlichem nicht fähig gewesen wäre, sangen das Lied „Geh heim Iwan, Natascha erwartet dich, geh heim Iwan, die Mädels hier

DO SVÉ PÍSANKY BEZ LINEK jsem si koncem srpna 1968 zapisoval události sdělované rozhlasem, aby měl Petřík — až doroste — památku na historickou událost, jíž se účastnil způsobem, jakým jsem se já před léty účastnil druhé světové války. Při domovní prohlídce v roce 1971 mi major Janečko písanku ukradl, prolistoval, snad i přečetl, ale nevrátil. Takže Petřík ostrouhal kolečka. Tenkrát se chlapec věnoval ostružinám a bloumání travou, o historickou událost nejevil zájem. Nikdo se ho nezeptal na mínění, ačkoli se v ty dny rozhodovalo o jeho osudu. Ani nás, občanů s volebním právem, se nikdo na nic neptal. V rozhlase nás nabádali k zachování klidu, k státnické moudrosti — bez vysvětlení, bez návodu. A my, občané s volebním právem, jsme stáhli vlajku československou do půli žerdi na znamení smutku, vynadali polskému pohraničníkovi na Biskupské Kupě, napsali nápis LENINE, PROBUĎ SE, BREŽNĚV SE ZBLÁZNIL — v domnění, že by Lenin něčeho takového nebyl schopen, zpívali jsme si píseň Běž domů, Ivane, čeká tě Nataša, běž domů, Ivane, tady tě holky nemilujou …, poslouchali rádio a brečeli, když se střílelo u Rozhlasu v Praze; a čekali jsme, až někdo hvízdne, že bychom šli, třeba do hor, jenomže nikdo nehvízdnul. Zachovali jsme tedy klid a státnickou rozvahu — a teď to máme. I tu písanku mi sebrali.

108

In Regensburg. V. l.: / V Řezně. Zleva: Ivan Binar, Josef Hrubý, Alexandr Kliment, Ota Filip

lieben dich nicht ...", hörten Tag und Nacht Radio und weinten, als vor der Rundfunkstation in Prag geschossen wurde; und wir warteten auf ein Zeichen zum Aufbruch, von mir aus in die Berge, aber niemand gab das Zeichen. Also bewahrten wir Ruhe und staatsmännische Klugheit — und jetzt haben wir's. Auch das Notizheft nahmen sie mir weg.

Niemand sagte uns, was wir tun sollten, und wir wußten es nicht. Uns dürstete damals nach Freiheit, aber wir wurden nicht zu hungrigen Wölfen. Wölfe brauchen keinen Hirten. Es war keiner da, der ein Zeichen gab. Es war kein Hirte da, für eine Herde Schafe ... Jetzt haben wir's: Metzger scheren uns die Wolle — noch. Und wir grasen und grasen, den Erlöser erwartend, vor Kälte zitternd, geschoren bis an die Haut. Der Steppenwind wehte fremde Wesensart, fremde

Nikdo nám neřekl, co máme dělat, a my jsme nevěděli. Hladověli jsme tenkrát po svobodě, ale hladovými vlky jsme se nestali. Vlkům je pastýř k ničemu. Nebylo žádného, který by písknul. Nebylo pastýře pro stádo ovcí ... Teď to máme: řezníci s nůžkami stříhají nám vlnu — zatím. A my se popásáme a popásáme očekávajíce spasitele, tetelíme se zimou ostříhaní až na kůži. Vítr ze stepí přivál cizí způsoby, cizí mravy a morálku do našich údolí a kopců. — Béé, béé — řekly na to ovce a cizí způsoby ze stepí zapustily v nás kořínky. Českoslovenští vojákové se cvičí ve zbrani a cizí vojenské vlaky naložené naší vlnou, obsahem naší země, jezdí na východ a zase na východ, a prázdné zpátky, každý den — včera, dnes, zítra, pozítří ...

Našil jsem si po červené nudli na každou výložku a stal se svobodníkem, velitelem.

Sitten und Moral herbei in unsere Täler und Hügel. — Beeh, beeh — meinten dazu die Schafe, und das Fremde schlug bei uns Wurzeln. Tschechoslowakische Soldaten üben mit der Waffe, und fremde Militärzüge, beladen mit unserer Wolle, dem Inhalt unserer Erde und Kultur, fahren gen Osten, und wieder gen Osten, und leer kommen sie zurück, tagtäglich, gestern, heute, morgen, übermorgen …

Ich nähte mir je einen roten Streifen an meine Aufschläge an der Uniform und wurde Gefreiter, ein Kommandant. Ein Ochsentreiber. Die Autorität des Kommandanten ist gegeben durch seine Dienststellung — ex officio. Die Mannschaft gehorchte mir, auch Soldat Vítek, obwohl er ein Mitglied der regierenden Partei war, gehorchte mir, einem Nichtkommunisten, aber einem Kommandanten. Marsch. Wenn wir durch die Nacht marschierten — ich in Führung — unser Geschirr klirrte und quietschte, im Rücken fühlte ich den Atem meiner sieben Männer: Vítek, Malota, Melichar, Doleček, Česlár, Paulen und Röder — Verteidiger der Nation — sie setzten ihre Füße in meine Spur. Sie waren mir auf den Fersen, sie folgten mir, und ich führte sie. Kennt ihr es, Mädel und Buben, das Gefühl, jemanden zu führen? Jemandem Anordnungen zu geben, zu befehlen, sich grüßen zu lassen, bestrafen zu können — ein Rendezvous mit einem Mädchen zu untersagen, (in gewissem Maße) über menschliches Schicksal entscheiden zu können? Das Gefühl, meine Damen und Herren, ungestraft seine Macht mißbrauchen zu können, jemandem willkürlich einen schönen Moment zerstören zu können. Meinetwegen einen Moment, der für sein Leben entscheidend wäre …

Pohůnkem. Autorita velitele je dána jeho funkcí — ex offo. Družstvo mě poslouchalo, i vojín Vítek, ačkoli byl příslušníkem vládnoucí strany, poslouchal mne, nekomunistu, velitele. Pohůnka. Když jsme šli nocí — já v čele — vrzaly a cinkaly nám postroje, cítil jsem v zádech svých sedm mužů: Vítka, Malotu, Melichara, Dolečka, Česlára, Paulena a Rödera, obránce vlasti; kladli nohy do mých šlépějí. Byli mi v patách, následovali mne a já jsem je vedl. Znáte to, děvčata a chlapci, ten pocit někoho vést? Někomu dávat rozkazy, poroučet, nechat se zdravit, moci trestat — znemožnit rande s holkou, rozhodovat (do jisté míry) o lidském osudu? Ten pocit, dámy a pánové, zneužít beztrestně moci, jen tak někomu zkazit třeba jen chvilku. Třeba tu chvilku, v níž se rozhoduje o jeho životě …

Šlapali jsme všichni za ovčákem, za svobodníkem s jednou nudlí a šlapem zas, postroje vržou a cinkají, uvyklí autoritě ex offo, abychom nemuseli přemýšlet o smyslu a cíli pochodu, abychom se nemuseli rozhodovat k činům, rozhodovat o sobě a o svém, klademe nohy do předšlapaných šlépějí a bečíme nad svým osudem, jako bychom nevěděli, že je to vždycky jenom usmrkaný frajtr s nudlí u nosu, ten, co nás vede, ten náš velitel, byť by měl maršálské epolety, zpupnost vládce a veškerou moc, usurpované oprávnění udílet nejvyšší tresty lidem i národům. Ubekujeme tiše a trousíme za sebou bobky, a to je náš postoj v tom srabu. Kopem se navzájem a trkáme, bojujeme mezi sebou o vyšlapanější chodníček, o lepší travičku, v hlavě motolici. Nikdo nás nespasí, nikdo nám neřekne, jak se stát hladovými vlky.

Wir alle folgten dem Schafhirten, dem Gefreiten mit einem Streifen mehr, und tun es heute wieder, das Geschirr klirrt und quietscht. Zu sehr gewöhnt an die Autorität ex officio, bloß nicht über den Sinn und das Ziel unseres Marsches nachdenken, sich bloß nicht zu eigenen Taten entschließen, bloß keine Entscheidungen über eigenes Schicksal fällen. Wir legen die Füße in ausgetretene Spuren und jammern über unser Schicksal, als ob wir nicht wüßten, daß es immer nur ein rotziger Gefreiter ist, der uns führt, unser Kommandant. Und hätte er die Epauletten eines Marschalls, den Hochmut eines Herrschers, alle Macht der Welt, die usurpierte Berechtigung, höchste Strafen an Nationen und Menschen zu erteilen, er bliebe, was er ist. Wir jammern leise vor uns hin und streuen Kot hinter uns her, Das ist unsere Haltung in dieser beschissenen Situation. Wir treten und stoßen uns gegenseitig, kämpfen untereinander um den besser ausgetretenen Weg, um das bessere Gras; in unseren Köpfen spukt ein Drehwurm. Niemand wird uns erlösen, niemand wird uns sagen, wie wir zu hungrigen Wölfen werden.

Eines Montags im August jagten sie uns aus den Zellen auf den Gang und befahlen uns, die Kleider auszuziehen. Wollen Sie einen Menschen erniedrigen, meine Damen und Herren, schneiden Sie ihm die Haare ab und ziehen Sie ihn aus. Dann messen Sie ihn von Kopf bis Fuß und umgekehrt, angezogen in Uniform, mit Mütze, um das Armgelenk ein Schlagstock. Sie können ihm auch befehlen, sich vorzubeugen und dann in seinen After schauen, ob er da nicht versteckte Zigaretten und Streichhölzer oder eine Feile hat. Bedeckt er mit Händen seine Scham; schreien Sie ihn an: — Arme an

Jednoho srpnového pondělka nás vyhnali z cel na chodbu a nařídili, abychom si svlékli šaty. Chcete-li člověka ponížit, dámy a pánové, ostříhejte mu vlasy a svlékněte ho do naha. Pak si ho — oblečen v uniformě, s čepicí, s obuškem navlečeným na zápěstí — prohlížejte od hlavy k patě a naopak. Taky mu můžete nařídit předklon a podívat se mu do konečníku, nemá-li tam schované cigarety se zápalkami nebo pilník. Bude si rukama zakrývat ohanbí; zařvěte na něj: — Připažit! — a on vás poslechne. V takové situaci není člověk v stavu normálně uvažovat, s rozmyslem odpovídat na vaše otázky. Zlý sen se stal skutečností, bez naděje na úlevné procitnutí.

Ano, postávali jsme v letním odpoledni u plotu zahrady pana Čuhéla ve Vanovicích — čtyři malí kluci: Mirča, Slávek zvaný Huspa, Dlouhé Bidlo a já — žluté čůrky zamířené k vybledlé letní obloze; společně jsme provozovali tu mužnou hru — kdo déle, kdo výš! Anebo v hostincích kdekoli na světě, na pisoárech prohazujeme, aby řeč nestála, pár slov s neznámými o blahodárnosti společně sdílené úlevy. Ve vězení však nemáte jinou možnost. Dřepíte v rohu zamčené místnosti, dámy a pánové, nad odpadovou dírou v ložnici, jídelně i obývacím pokoji, se spuštěnými kalhotami a ničím nechráněni vyměšujete ve společnosti cizích lidí, kteří se momentálně věnují jiné činnosti — spánku, hře v šachy, četbě, tupému civění. Jejich tváře mohou být odvráceny (pokud vám osud přidělil spolubydlící se špetkou vychování a ohleduplnosti), anebo přivráceny, upřeny k vašemu koutku. Osud vám může přidělit i spolubydlící, kteří komentují počínání vašeho těla, procesy, jež lze sotva ovládnout. — Splachuj, smrdíš! — povykoval ten hajzl, ten

111

die Hüfte! und er wird Ihnen gehorchen. In so einer Situation ist der Mensch nicht imstande, normal zu denken, Ihre Fragen mit Verstand zu beantworten. Der Alptraum wurde Wirklichkeit, keine Hoffnung auf das erleichternde Aufwachen.

Ja, an Sommertagen pflegten wir am Gartenzaun des Herrn Čuhél in Vanovice zu stehen — vier kleine Buben: Mirča, Slávek, genannt Beisl, Bohnenstange und ich — man sah vier gelbe Pißstrahlen zum Himmel gerichtet; gemeinsam praktizieren wir dieses männliche Spiel — wer länger, wer höher! Oder in Wirtshäusern überall auf der Welt, in Pissoires wechseln wir mit Fremden einige Worte über die wohltuende Wirkung der miteinander geteilten Erleichterung, damit die Unterhaltung nicht stockte. Im Gefängnis aber haben Sie keine andere Möglichkeit. Sie hocken in der Ecke eines abgesperrten Raumes, meine Damen und Herren, über einem Loch für den Abfall, im Schlaf-, Eß- und Wohnzimmer, mit heruntergelassener Hose und durch nichts geschützt, defäkieren Sie in einer Umgebung von fremden Leuten, die sich in diesem Moment einer anderen Tätigkeit widmen: Schlafen, Schachspielen, Lesen, apatischem Vor-sich-hin-Starren. Ihre Blicke können abgewandt sein (falls Ihnen das Schicksal Zellengenossen mit ein wenig Erziehung und Rücksicht zugeteilt hat), oder Ihnen zugewandt, an Ihre Ecke geheftet. Das Schicksal kann Ihnen aber auch Zellengenossen zuteilen, die die Tätigkeit Ihres Körpers, Prozesse, die man kaum beeinflussen kann, kommentieren. — Spül's runter, du stinkst! lärmte das Arschloch, der dreckige Hurensohn, der eklige Schlappschwanz Karel Matouš, Kellner aus Teplitz, noch bevor Sie

zkurvysyn zajebaný, odporný, čurák zvadlý Karel Matouš, číšník z Teplic, ještě jste, dámy a pánové, nedodřepli. Ještě jste ani nezačali smrdět.

Svlékli mě do naha, obnažili, abych byl ponížen, abych musel sklopit oči a rukama zakrývat svou přirozenost, místo citlivé a bezbranné, snadno zranitelné. Svlékli mě do naha a sebrali poslední majetek, poslední útočiště — kapsy. Už mi vzali svobodu, rodinu, domov, snubní prsten a hodinky, klíče. Zabránili mi setrvávat ve starých dobrých zvycích a vnutili mi zvyky nové, nutné k přežití v zařízení, kterému se říká „nápravně-výchovný ústav". Občas mi kramaří v předmětech, kterými mě sami vybavili, i v předmětech, které smím z jejich milosti mít u sebe a používat; hrabou se mi v dopisech a kdykoli se jim zamane, seberou mi je a zničí. Rozbili mi sklenici, z níž jsem pil čaj, rozšlapali špičku na cigarety, zničili popelník. Na holé kapsy jsou však krátcí. Mohou je sice kdykoli obrátit na ruby a zkontrolovat jejich obsah: paklík tabáku s papírky, zapalovač, špaček tužky č. 2, hašlerka, umorousaný kapesník … Avšak prázdné kapsy jsou moje, moje jsou drobečky chleba a tabáku, vatička, která se tvoří ve švech. Kapsy, na jejichž neustálou přítomnost jsme si — my chlapi — zvykli už od malička, to důvěrně známé útočiště pro bezradné ruce i bezradnou duši, jsou posledním majetkem muže. I když vám je zpřevracejí a vyprázdní, v příhodné chvíli si v nich ohříváte zkřehlé prsty nebo tam sevřete ruce v pěst až do zbělení kloubů. Než vám seberou i kapsy.

Stáli jsme na vězeňské chodbě nazí, jenom člověk z vedlejší cely, jak ptáče z hnízda vypadlé, mrkal vyplašeně dlouhými brvami a váhavě si svlékal

sich, meine Damen und Herren, überhaupt richtig hinhocken konnten. Bevor Sie überhaupt zu stinken anfangen konnten.

Sie zogen mich aus, entblößten mich, um mich zu erniedrigen, damit ich meine Augen senkte und mein Geschlecht mit den Händen verdeckte, einen sehr sensiblen und wehrlosen Ort, leicht verletzlich. Sie zogen mich aus und nahmen mir mein letztes Eigentum, meinen letzten Zufluchtsort — die Hosentaschen. Genommen hatten sie mir schon meine Freiheit, meine Familie, mein Zuhause, den Ehering und die Uhr, meine Schlüssel. Sie verwehrten mir, in alten und bewährten Gewohnheiten zu verbleiben, und zwangen mir neue Gewohnheiten auf, die wichtig sind zum Überleben in einer Einrichtung, die sich eine „Besserungs- und Erziehungsanstalt" nennt. Ab und zu kramen sie in Gegenständen, mit denen sie mich ausgestattet haben, und auch in Gegenständen, die zu besitzen und benützen, ich ihrer Gnade zu verdanken habe; sie wühlen in meinen Briefen herum, und wann immer es ihnen einfällt, nehmen sie sie mir weg und zerstören sie. Sie zerbrachen mein Glas, aus dem ich Tee trank, zertraten mein Zigarettenmundstück, zerstörten meinen Aschenbecher. Gegen leere Hosentaschen kommen sie aber nicht an. Sie können sie zwar jederzeit ausleeren und ihren Inhalt kontrollieren: ein Päckchen Tabak und Zigarettenpapier, ein Feuerzeug, ein Bleistiftstumpf, ein Hustenzuckerl, ein benütztes Taschentuch … Trotzdem gehören die leeren Hosentaschen mir, meine sind auch die Brotkrümel und Tabakreste, die Watte, die sich in den Nähten bildet. Hosentaschen, auf ihre ständige Gegenwart haben wir uns — wir Männer — von klein auf ge-

blůzu, ještě váhavěji rozepínal knoflíky košile bez límečku. — Já se stydím, pane veliteli — odpověděl na dozorcovo řvaní a přes oči zatáhl závěsy řas. — A to jste se nestyděl, čeče, běhat po bárech v ženských šatech a lovit důstojníky Československé lidové armády? — svlékl ho dozorce z duše jedinou větou.
— Je se mnou na cele — zašeptal rovnoměrně tetovaný mladík po mé levici, — říkáme mu Dáša. Vypadá jako chlap, jenomže místo toho má díru. No, sranda veliká!

Jsem unaven, vyprázdněn, zchudlý. Převaluju se v posteli a čekám, kdy se dostaví mé obrázky na podušce ve tmě, boží dar. Aby mi dodaly kuráže do příštího dne. Oči mám zavřené, už by tu měly být; některé černobílé, nakreslené perem, jiné štětcem lavírované, nejasné, další zářící barvami jak od Kodaků, jak od Vincenta van Gogha. Obrazy a krátké záběry, torza událostí i celé příběhy, vize prožitého i vybájeného, lidé, zvířata a krajiny — země, voda, vzduch a oheň … Nic! Poslední dobou to nefunguje.

A přece: kdosi nebo cosi mi vbíjí hřeb do hlavy, do pravého spánku. Kus železa proniká kostí, mozkem a zase kostí, zakusuje se do stolní desky, do tlusté bukové fošny, levé ucho mám k ní přimáčklé, zalehnuté, ohluchlé. Až po hlavičku je zatlučen v mé hlavě kus železa, nehty si ulamuju při pokusech ho vytáhnout a nikde nikdo s kleštěmi …

wöhnt, dieser vertraute Zufluchtsort für ratlose Hände und ratlose Seelen, sie sind das letzte Eigentum eines Mannes. Auch wenn sie durchsucht und ausgeleert werden, zur gegebenen Zeit wärmen wir in ihnen unsere steif gefrorenen Finger oder ballen in ihnen die Finger zur Faust, bis die Gelenke weiß werden. Bis man Ihnen die Hosentaschen nimmt. Wir standen nackt im Gang des Gefängnisses, nur ein Mensch aus der Nachbarzelle, wie ein aus dem Nest gefallenes Vöglein, zuckte ängstlich mit den Wimpern, zögernd zog er seine Bluse aus, noch zögernder knöpfte er sein kragenloses Hemd auf. — Ich schäme mich, Herr Kommandant, antwortete er auf das Geschrei des Aufsehers und verdeckte seine Augen mit den Vorhängen der Wimpern. — Mensch! Sie haben sich aber nicht geschämt, mit Frauenkleidern in Bars rumzulungern und Offiziere der Tschechoslowakischen Volksarmee anzumachen! entblößte der Aufseher die Seele des Armseligen mit dem kurzen Satz.

— Er ist mit mir auf der Zelle, flüsterte ein gleichmäßig tätowierter junger Mann zu meiner Linken. — Wir nennen ihn Luise. Er schaut aus wie ein Mann, aber stattdessen hat er ein Loch. Eine Riesengaudi!

Ich bin müde, leer und verarmt. Wälze mich im Bett herum und warte, wann sich im Dunkeln auf dem Kissen meine geistigen Bilder zeigen, um mir Mut für den nächsten Tag zu geben. Meine Augen sind geschlossen, die Bilder hätten mir schon erscheinen müssen: manche schwarz-weiß, mit der Feder gezeichnet, andere mit dem Pinsel laviert, verschwommen, weitere voll Farben, leuchtend wie von KODAK, wie von Vincent

114

van Gogh. Bilder und Momentaufnahmen, Torsos von Ereignissen wie auch ganze Geschichten, Visionen des Erlebten und Erdichteten, Menschen, Tiere und Landschaften: Erde, Wasser, Luft und Feuer … Nichts! In letzter Zeit funktioniert es nicht mehr.

Und trotzdem: irgendwie oder irgendwas hämmert mir einen riesigen Nagel in meinen Kopf, in meine linke Schläfe. Ein Stück Eisen durchdringt den Knochen, das Gehirn, und wieder den Knochen, es beißt sich in die Tischplatte hinein, eine dicke Platte aus Buchenholz, mein linkes Ohr ist an sie gedrückt, es ist taub. Bis zum Kopf des Nagels habe ich ein Stück Eisen durch meinen Kopf gehämmert bekommen; bei den Versuchen, ihn herauszuziehen, brechen meine Fingernägel. Und weit und breit niemand mit einer Zange …

Übersetzung: David Binar

Ursula Haas

Freispruch für Medea
Médea zproštěná viny

Jason zeigt sich überall, als stelle er sich aus. Staunende Beschauer waren ihm sicher. Er sagte zu niemandem, wer ihn jung gemacht hatte. Aber alle munkelten, daß es die Fremde sei, die Frau aus dem Osten, die auch Demeter dazu gebracht hatte, die Hungersnot zu beenden.

Wenn Jason durch die Stadt gockelte und mit seinen Freunden das Haus der Aspasia aufsuchte, lachten viele Korinther hinter seinem Rücken. Die Jungen sahen in ihm den verkleideten Alten, und den Alten war die unnatürliche Veränderung peinlich. Alle nahmen Abstand von ihm. Jason aber merkte nichts von der Antwort seiner Umwelt. Er war wieder der junge Argoheld, der eilig die Männer in den Rat befahl und nun einen Blitzkrieg gegen Argos ausrief.

Medea war die Jahre von Jason abgerückt, um die sie ihn verjüngt hatte. Freiwillig. Sie gab ihm den Anfang zurück, während sie an sich die verflossene Zeit ablesen konnte. Sie nahm sie an.

Wenn Viviane und die Mädchen jetzt ihren Körper etwas länger salbten und ölten, empfand sie es als ein Spiel um die Erhaltung des Zaubers Jugend, aber nicht um sie selbst.

Jason schenkte sie den süßen Schein. Ihre Morgengabe. Ihr Tribut an ihn seine glatte, männliche Schönheit. Er schwelgte in der neuen Zeit und redete in Wortspielen. Immer wieder tauchten in

Iásón se všude objevoval, jako by se předváděl. Byl si jist úžasem čumilů. Nesvěřil nikomu, kdo ho omladil. Ale všichni si šuškali, že to ta cizinka, žena z Východu, která také přiměla Deméter, aby ukončila hladomor.

Když se Iásón jako kohout nakrucoval po městě a s přáteli navštěvoval Aspasiin dům, mnoho Korinťanů se mu za zády pošklebovalo. Mládíci v něm viděli namaškařeného starce a starším byla jeho nepřirozená proměna trapná. Všichni si od něj zachovávali odstup. Iásón ale odpověď svého okolí nevnímal. Byl opět hrdinou, mladým Argonautem, který spěšně svolal muže do rady a rozpoutal bleskovou válku proti Argu.

Médea se Iásónovi vzdálila rozdílem let, o něž ho omladila. Dobrovolně. Vrátila mu počátek, zatímco na sobě mohla sledovat uplynulý čas. Vyrovnala se s tím.

Když nyní Viviana s dívkami jí trochu déle natíraly tělo oleji a mastmi, pociťovala to jako hru o udržení kouzla mládí, nikoliv o ně samotné.

Iásónovi darovala sladké zdání. Její jitřní dar. Jeho hladká, mužská krása byla daní, kterou mu splatila. Marnotratně užíval nového času a mluvil v narážkách. Znovu a znovu se jí vynořovaly obrazy omlazení, aniž by chápala smysl tvrdého jednání.

In Karlsbad. V. l.: / V Karlových Varech. Zleva: Ota Filip, Michaela Jacobsenová, Ursula Haas

ihr die Bilder der Verjüngung auf, ohne daß sie die harte Handanlegung begriff.

Jason schien auf den Händen zu laufen, so beredt versäumte er keinen öffentlichen Auftritt in Korinth und keinen Besuch mit den Männern in Aspasias Haus. Vor Medea saß er nun mit kräftigen Schenkeln, stützte darauf die Hände, die, nach innen gedreht, seine Schultern bullig und in federnder Bewegung zur Geltung bringen wollten.

Medea staunte um diesen jungen, starken Mann herum, der sie anzog, aber auch befremdlich zwischen ihnen stand.

Ihre Vertrautheit war früher aus dem redseligen Äußeren ihrer beider Körper gekommen, aus dem, was aus der makellosen Schönheit ausgebrochen war, aus den Fehlerstellen.

Zdálo se, že Iásón je na roztrhání, nadán výřečností nevynechal jediné veřejné vystoupení v Korintu a jedinou návštěvu s ostatními muži v Aspasiině domě. Před Médeou teď seděl, s pevnými stehny, o něž si opřel dlaně stočné dovnitř, aby uplatnil pružnost býčí šíje a ramenou.

Médea žasla nad tímto mladým silákem, který ji přitahoval, ale současně je navzájem odcizoval.

Jejich někdejší důvěrnost pramenila z výmluvnosti jejich těl, z vad na dokonalé kráse.

Médea se zhrozila, když nyní spatřila hladký, rovný hřbet Iásónovy dlaně. Měsíčky na nehtech, které dřív milovala, zmizely.

117

Medea erschrak, als sie nun Jasons glatte, ebene Handrücken sah. Die Mondstellen waren verlorengegangen, die sie früher geliebt hatte.

Ein Niemandsland lag da. Sie ging ganz nah zu Jason und suchte aus seiner Haut die Vertrautheit zu riechen. Sie wollte ihr unter dem griechischen Ölduft begegnen. Es gelang nicht.

Sie hatte ihm die neue Haut angezogen, weil sein Wunsch nach Jugend sich in die Kette ihrer Liebesbeweise für ihn einreihte. Ihre Taten für ihn hatte sie immer nur aus ihrer Person und aus ihrer Liebe vollzogen, ohne aus den Folgen für sie oder ihn Neues schließen zu können. Medea blieb ohne Erfahrung.

So saß sie, die Ältere, vor Jason, dem Jüngeren, und staunte über seinen neuen Körper und seine schöne Kälte. Sie war auch diesmal wieder die liebende und tätige Frau gewesen, die er im Selbstverständnis seiner Männlichkeit benutzte, ohne eine Frage nach ihren Beweggründen zu stellen. Wenn sie es vor allem aus der Naivität einer geraden Hinwendung zu ihm tat, reizte es sie ebenso, aus einem Risiko heraus zu handeln, nämlich dem, daß Jason diesmal endlich begreifen könnte, wie stark die Bindung zwischen ihnen war.

Jason schlief wieder mit ihr im gemeinsamen Widderbett. Sie blieben sich aber fremd. Medea dachte an ihr Kind. Sie suchte im Dunkeln Jasons Gesicht. Sein Atem stieß fest und regelmäßig zu. Sie fror.

Warum drängte es ihn zum Krieg? Warum wollte er seine geschenkte Ju-

Rozkládala se tu země nikoho. Přistoupila co nejblíž k Iásónovi a pokoušela se za vůní řeckého oleje z jeho pokožky znovu ucítit onu důvěrnost. Nepodařilo se.

Zahalila ho do nové kůže, protože jeho touha po mládí se vřadila do řetězce jejích důkazů lásky. Vše, co pro něj dělala, konala jen z hlediska své osoby a své lásky a nedokázala se poučit z následků. Médea neznala zkušenost.

A nyní tedy, zestárlá, seděla před omládlým Iásónem a žasla nad jeho novým tělem a jeho krásným chladem. I tentokrát byla opět tou milující a činnou ženou, kterou si bral v samozřejmosti své mužnosti, aniž by pátral po jejích pohnutkách. Konala-li především z naivity přímočaré náklonnosti, vzrušovala ji rovněž rizika, že Iásón by tentokrát mohl konečně pochopit, jak silné je pouto mezi nimi.

Iásón s ní opět spal ve společném loži. Zůstali si však cizí. Médea myslela na své dítě. Ve tmách hledala Iásónovu tvář. Jeho dech byl pevný a pravidelný. Médeu zamrazilo.

Proč ho to pudilo k válce? Proč chtěl darované mládí uplatnit právě tímto způsobem? Proč opakovat dobrodružství: to znamená zabíjet, dobývat, ničit, bažit po majetku a moci?

Iásón si navlékl lesklé pláty, spojované stříbrnými pásky, a kolem hrudi připnul pancíř, který zdobili modraví draci a spony ze zlata, cínu a oceli. Pod ním krátká kožená suknice, zesílená kovovými plátky, chránila spodní část těla.

118

gend auf diese Weise nutzen? Warum das Abenteuer wiederholen: das hieß Töten, Erobern, Zerstören, Habgier nach Besitz und Macht?

Jason legte die blanken Schienen an, die mit silbernen Knöchelbändern zusammengefaßt waren, schnallte den Panzer um die Brust, den bläulichen Drachen, Bänder aus Gold, Zinn und Stahl schmückten. Unter ihm sah ein kurzer Lederrock hervor, der verstärkt mit Metallplatten seinen Unterleib schützte.

Sein Helm, eine mit Lorbeer überzogene Haube, ließ nur die Augen frei, und vom Scheitel bis in den Nacken zog sich ein leuchtendroter Helmbusch aus Roßhaar. Sein Schwert steckte in der silbernen Scheide an der Hüfte, und zum Schutz stand vor ihm der fast mannshohe Schild, der an silbernen Bändern hing und auf dem sich ein dreiköpfiger Drache schlängelte. In die eine Hand nahm er zwei mächtige, scharf gespitzte Lanzen. Bereit zum Töten.

Krieg, Krieg, polterte es durch ganz Korinth. Die Männer packte die Reiselust. Blut und Wunden rochen süßlich am Feind. Sie redeten lauter als sonst miteinander, schlugen sich heftig und lachend auf die Schultern. Sie liebten ihre Frauen eiliger, als hieße es, dem möglichen Abschied für immer aus dem Weg zu gehen.

Jason im Männerglück. Medea hielt ihren Schoß, in dem ihr Kind sich festsetzte. Ihr Kopf stieß mit dem Raum zusammen, wo der neue Jason wuchs, der kleine Mann mit Helm, Schurz und Waffe.

Helma, vlastně přilba potažená kůží odkrývala jen oči, a od temena po šíji ji zdobil zářivě rudý chochol z koňských žíní. Meč spočíval ve stříbrné pochvě po boku a k obraně sloužil štít zvýši muže na stříbrných popruzích, na němž se svíjel trojhlavý drak. V jedné ruce třímal Iásón dvě těžká, ostrá kopí. Hotov zabíjet.

Válku, válku, hřmělo celým Korintem. Mužů se zmocnila touha po dobrodružství. Krev a rány nepřátel nasládle páchly. Vedli hlučnější hovory než obvykle, se smíchem se pádně poplácávali po ramenou. I při milování spěchali, jako by se chtěli vyhnout možnému rozchodu jednou provždy.

Šťastný muž Iásón. Médea objala svůj klín, kde rostlo její dítě. Ztotožnila se s prostorem, kde vyrůstal nový Iásón, malý muž s helmou, suknicí a zbraní.

Kde rostla nová Médea, neschopná ovlivnit nic kromě sladkosti okamžku a jeho zlých následků. Visela Iásónovi na krku, fena, nevěstka, která činila co mohla nejmilejšího a napomáhala nejhoršímu. Táhlo ji to k němu a hladila ho při loučení. Železný pancíř, zahalená tvář. Třela si holé nohy o jeho kovové pláty a tiskla břicho k jeho chladné suknici. Iásón stál klidně, jistý si vítězstvím.

„Přivedu ti zdatné otroky z Argu," řekl se smíchem a kvapně se od ní odvrátil. V chůzi jí pokynul.

Jako ženu ji odvrhl. Cítila opakování minulých bolestí, budoucnost chladu, zhouby, násilí a nekonečného ponižování. Milovala Iásóna vřelým, zoufalým srdcem. Byla Médeou, hrdou, nevypočitatelnou Médeou, která s tímto dítětem bude pokračovat v díle zkázy.

Wo die neue Medea wuchs, die nichts bewirken konnte als die Süße des Augenblicks und seine schlimme Folge. Sie hing Jason am Hals, die Hündin, die Hure, die das Liebste tat und das Schlimmste förderte. Der Sog zu ihm hin. Sie streichelte ihn beim Abschied. Sein eiserner Panzer, sein verstecktes Gesicht. Sie rieb ihre bloßen Füße an seiner harten Beinbekleidung und drückte ihren Bauch gegen seinen kalten Schurz. Jason stand ruhig und siegessicher.

„Ich werde dir starke Sklaven aus Argos mitbringen", sagte er lachend und drehte sich eilig von ihr weg. Er winkte im Gehen.

Er ließ die Frau von sich abfallen. Sie spürte die Wiederholung vergangener Schmerzen, die Zukunft der Kälte, die Zukunft der Zerstörung, der Macht und die nieendenwollende Demütigung. Sie liebte Jason mit heißem, verzweifeltem Herzen. Sie war Medea. Die Stolze ohne Berechnung, die die Vernichtung mit diesem Kind von Jason und ihr fortsetzen würde.

Medea umfaßte ihren Bauch, drückte ihre Finger in den Nabel tief hinein, strich ihre Scham, als spiele sie dem Kind ihre Liebe zu, ihre Hoffnung auf Veränderung, auf eine neue Zeit, in der die Waffen vergessen sind, in der die Sonne Zeit hat, den Tag ausfüllt und dort untergeht, wo Frieden ist.

„Helios, hilf mir", weinte sie, „ich habe das Beste gewollt und das Schlimmste bewirkt".

Als sie morgens in das Frauenhaus ging, plapperten die Griechinnen ihr die

Médea si objala břicho, prst vtiskla hluboko do pupku, dotkla se klína, jako by dítěti potají sdělovala svou lásku, naději na změnu, na novou dobu, kdy budou zapomenuty zbraně, kdy slunce vyplní den a zapadne tam, kde je mír.

„Helie, pomoz mi," lkala, „chtěla jsem to nejlepší a způsobila to nejhorší."

Když ráno vešla do příbytku žen, musela vyslechnout tlachání Řekyň o nejudatnějších činech jejich otců a bratrů. Vymýšlely si i zkazky o přeudatných činech mužů a při předení a tkaní se pyšnily svými hrdiny.

„Poslyšte, můj bratr Antilochos proklál jednomu Tírynci pravou prsní bradavku, až mu oštěp vyšel zády ven a on padl do písku jako podťatý topol!"

„A můj otec," trumfovala jiná žena, „vrhl kopí proti nepříteli a takovou silou zasáhl jeho štít, že voják hrůzou umřel."

„Představte si," pokračovala Alkméné, „jak Korintští vyplení město Argos. Vypálí domy, uškrtí muže, znásilní ženy a jejich těla předhodí psům a ptákům. Děti a stařeny nám přivedou do otroctví a my pak budeme mít pěkné povyražení …"

Celá místnost se smála. Ženy zpívající válečné písně mužů.

Médein strach vzrůstal, jak se ta sladká ptáčata serailu proměňovala v krákající havrany a klovající vrány. Ženy jí svými řečmi vrhaly kameny do klína, kde rostlo dítě, kde se usídlila naděje na lepší časy.

Tato odpověď na válku byla ještě horší než hlučná bojová vřava mužů. Byla to

stolzesten Geschichten ihrer Väter und Brüder entgegen. Sie erfanden auch tollkühnste Taten der Männer und brüsteten sich ihrer Helden hinter Spindel und Webstuhl.

„Hört einmal her, Antilochos, mein Bruder, hat dem Tirynier die rechte Brustwarze durchbohrt, so daß sein Speer hinten aus der Schulter drang und er wie eine gefällte Pappel in den Sand fiel.“

„Mein Vater“, übertrumpfte eine andere die Frau, „warf seine Lanze so gegen den Feind, daß das Erz auf den mit sieben Stierhäuten überzogenen Schild traf und der Soldat vor Schreck tot umfiel.“

„Stellt euch vor“, fuhr Alkmene fort, „wie die Männer von Korinth die Stadt Argos zerstören werden. Sie werden die Häuser verbrennen, die Männer erwürgen, die Frauen vergewaltigen und ihre Körper den Hunden und Vögeln preisgeben. Die Kinder und die alten Frauen werden sie uns in die Knechtschaft führen, und da haben wir schön viel zu tun …“

Der ganze Raum lachte. Frauen im Kriegsgesang der Männer.

Als die süßen Vögelchen des Serails sich in krächzende Raben und stechende Krähen verwandelten, nahm Medeas Angst zu. Mit ihren Reden schlugen die Frauen Steine auf ihren Schoß, wo das Kind wuchs, wo die Hoffnung sich fortsetzte, eine bessere Zeit zu begründen.

Diese Antwort auf den Krieg war noch schlimmer als das laute Kampfgetöse der Männer. Sie war die dümmste Schamlosigkeit, der größte Verrat, die nejomezenější nestydatost, největší zrada, nejhloupější opakování historie, která sama drží v rukou smrt i zkázu.

Médea poslala pro Vivianu, jež mlčky rovnala do skříně mušelín. „Odcházím, Viviano, pojď se mnou, stařenko.“

Vyvlekla chůvu z místnosti, z Iásónova domu a prchala s ní daleko za město. „Dám tu zbudovat přístřeší — pro sebe i pro tebe. Řekni to Iásónovým služebníkům!“

Když poprosila Vivianu, aby se sama vrátila do Řekova domu, spatřila chůva, že Médea zvrací.

Přeložila Michaela Jacobsenová

blödeste Wiederholung der Geschichte, die Tod und Vernichtung selbst in der Hand hat.

Medea rief Viviane zu sich, die schweigend Nesseltücher in den Schrank schichtete. „Ich gehe, Viviane, komm mit, alte Freundin."

Sie zog die Arme aus dem Raum heraus, aus dem Haus des Jason und lief mit ihr weit vor die Stadt. „Hier werde ich eine Unterkunft für mich und auch für dich bauen lassen, Viviane. Sag es den Dienern des Jason."

Als sie Viviane bat, allein in das Haus des Griechen zurückzukehren, sah die Amme, daß Medea sich erbrach.

Gert Heidenreich

BELIAL oder Die Stille
BELIAL aneb Ticho

Auszug aus dem Roman
Úryvek z románu

Die Sonne hat den Zenit überschritten. Handbreit der Schattenstreifen vor den westlichen Arkaden. Die Mauern, im Mittagslicht gebleicht, gewinnen langsam ihre gelbe Tönung zurück, die sich nun stetig zum Ocker vertiefen wird; am Abend werden sie das feurige Rot des Himmels aufnehmen, vor Einbruch der Nacht mit beigemischter Bläue sich violett färben und endlich unter dem Sternlicht fahl in der Nacht stehen, unwirklich, als wäre das Fort Belial nicht aus Steinen erbaut, sondern gebildet aus der Materie von Erinnerungen, Ängsten, Visionen und Wünschen.

Der Staub des Innenhofs glüht nicht mehr, er ist jetzt für die Fußsohlen erträglich, ich trete durch den Torbogen auf das schmale Plateau hinaus und sehe Effta Mahon bedächtig den Fahrweg zu mir heraufkommen, seine hünenhafte Gestalt schleppt einen kurzen Schatten nach. Hinter ihr gewinnen die Dünen ihren klaren Rand zurück, den die Hitze des Mittags in zitternde Wellen aufgelöst hatte.

Mahons weiße Gandura hebt sich gegen die Sandberge ab; Zeit der Kamelfarbe, wenn aus der schwirrenden Blendung wieder Kurven, Brüche hervortreten und die überbelichtete Fläche sich vertieft zu einem Raum aus Gipfeln und

Slunce překročilo zenit. Před západními arkádami pruh stínu v šíři dlaně. Zdem, vybělleným poledním sluncem, se pozvolna vrací žlutý odstín, který se teď bude ustavičně prohlubovat do okrova; navečer zdi přijmou ohnivý purpur nebes, před setměním s příměsí modře se zbarví do fialova a konečně v noci sinavě vyvstanou ve světle hvězd, neskutečné, jako by pevnost Belial nebyla zbudována z kamene, nýbrž z materiálu vzpomínek, úzkostí, vizí a přání.

Prach nádvoří už nežhne, nepálí na chodidlech, obloukem brány procházím na úzkou plošinku a zahlédnu Efftu Mahona, jak ke mně rozvážně stoupá vozovou cestou, za jeho olbřímí postavou se vleče krátký stín. Za ním se dunám vrací ostrý obrys, který polední žár rozvolnil do tetelivých vln.

Mahonova bílá gandura se odráží od písečných přesypů; nastal čas velbloudí hnědi, kdy z oslepujících mžitků opět vyvstávají křivky a zlomy a přesvětlená plocha se hloubí do prostoru z údolí a vršků. Strnulý příboj písku se pomalu vzdouvá.

Stejně tak, jako očekávám jitro, na střechách pevnosti, kdy z černě v prvních pruzích světla na východních hřebenech dun vyrůstá rozčleněný prostor, nedoč-

Tälern. Langsam wächst die erstarrte Brandung des Sands.

Wie ich den Morgen erwarte, auf den Dächern des Forts, wenn aus der Schwärze die ersten Lichtlinien auf den Dünenkämmen im Osten den gegliederten Raum wachsen lassen, so warte ich, süchtig, auf die Kontraste, die aus der gleißenden Hitze des Mittags hervortreten. Aus Schatten entsteht das Land neu.

Effta Mahon hat den Torbogen des Forts erreicht, im Innenhof sieht er sich um. Er betritt die Kammern, läuft unter den Arkaden von einer zur nächsten, unruhig. Ich setze mich neben Nasta, erwarte ihn. Mahon springt aus dem Schatten des Bogengangs in den Hof zurück, hockt sich in den Sand und pfeift eine seiner schiefen Melodien, in denen kein einziger Ton zu der musikalischen Ordnung paßt, die mir vertraut ist. „Überlasse dich dem Zufall deines Atems", hatte er mir in Timimoun geraten, „und du wirst die Musik der Natur selbst in dir finden."

Die kurze Nebenstraße hinter der Porte Sudan faßte die Menschen kaum, die von beiden Enden hereindrängten und sich zwischen die Wartenden quetschten; über dem nervösen Summen der Menge hingen helle Schleier aus Staub. Der Duft des Brotes ließ die meisten jede Rücksicht vergessen.

Als der Bäcker die Tür öffnete, stürzten die ersten sich schreiend und prügelnd in den düsteren Laden, ich wurde über die Schwelle geschoben, die hysterischen Rufe, die knochigen Arme, die Fäuste mit den Münzen wie drohend nach vorn gestreckt, die Stöße zerlump-

kavě čekám i na kontrasty, vystupující z třpytu polední výhně. Ze stínu se noří znovuzrozená země.

Effta Mahon dorazil k oblouku brány, na nádvoří se rozhlíží. Vchází do komor, pln neklidu běhá pod arkádami od jedné ke druhé. Sedám si vedle Nasty, čekám na něj. Ze stínu podloubí skočí Mahon zpět do dvora, dřepne si do písku a začne pískat jeden ze svých falešných nápěvů, v nichž ani jediný tón nezapadá do hudebního řádu, jemuž jsem uvyklý. „Svěř se náhodě svého dechu", radíval mi v Timimounu, „a nalezneš v sobě samu hudbu přírody."

Krátká postranní ulička za Sudánskou branou téměř nestačila lidem, kteří se do ní tlačili z obou stran a mačkali se mezi čekající; nad nervózním bzukotem množství povívaly světlé závoje prachu. Vůně chleba zbavila většinu lidí posledních ohledů.

Když pekař otevřel dveře, v nastalé vřavě a rvačce se vrhly první řady do ponurého krámku, smýklo mě to přes práh, hysterický křik, kostnaté paže, pěsti s mincemi hrozivě natažené kupředu, štulce od hnědých postav v cárech a vůně teplého chleba v přítmí mne vybičovaly do záchvatu záští, žádostivosti a nouze, zmocnila se mne panika, dal jsem se do křiku jako ostatní, natahoval jsem ruku kupředu, za mnou křičel Mahon: „Čtyři chleby! Potřebujem čtyři!", cpal jsem se do škvír po šťastlivcích, kteří se vynořili se svou kořistí a skrčeni vyklouzli ven, získával jsem prostor, údery levého lokte blokoval těla a sledoval, jak lesklé veky chleba mizí jedna za druhou z regálů, pravičkou jsem přes hlavy vpředu stojících strkal pekaři své dináry, ten však přehlížel bělošské peníze, šoupal chleby

In Königgrätz. V. l.: / V Hradci Kralové. Zleva:
Gerd Holzheimer, Gert Heidenreich, Rudolf Mayer-Freiwaldau

ter brauner Gestalten und der Geruch des heißen Brotes im Halbdunkel trieben mich mit in den Rausch aus Neid und Gier und Not, ich geriet in Panik, begann zu schreien wie die anderen, streckte meinen Arm nach vorn, hinter mir rief Mahon: „Vier Brote! Wir brauchen vier!", ich zwängte mich in Lücken, aufgerissen von den Glücklichen, die mit ihrer Beute abtauchten und geduckt hinausschlüpften, ich schaffte mir Raum, schlug meinen linken Ellenbogen in Körper, sperrte sie ab und sah, wie die leuchtenden Stangenbrote eins nach dem anderen aus den Regalen verschwanden, über die vor mir Stehenden hielt ich mit der Rechten dem Bäcker meine Dinare vors Gesicht, aber er sah das Geld des Weißen nicht, er stieß seine Brote übers mehlige Brett, schob Münzen über die Kante, sie fielen in einen po pomoučeném prknu, mince shrnoval přes okraj pultu do košíku na zemi, rychle, ale ne uštvaně, jeho pohyby byly pravidelné, nedotčen jekotem a nadávkami sahal za sebe, vytahoval chleby z polic, hranou dlaně smetal mince do košíku a usmíval se kletbám těch, kdo teď už věděli, že vyjdou naprázdno a že jejich dlouhé čekání venku bylo marné.

V několika málo minutách byl boj o chléb u konce, hluk opadl, ještě několik bezmocných kleteb mezi zuby, nevěřícné pohledy do prázdných polic, pekař si nadhodil košík na bok, ticho, rozčarování, obracíme se jako v omámení, opouštíme krám, vykrádáme se na světlo, poražení, němí, pekař za námi zabouchl dveře.

125

Korb am Boden, schnell, dennoch nicht gehetzt, gleichmäßig waren die Bewegungen des Bäckers, ungerührt vom Kreischen und Schimpfen griff er hinter sich, zog die Brote aus dem Gestell, wischte mit der Handkante die Münzen in den Korb, lächelte, als er die Flüche derer hörte, die jetzt schon wußten, daß sie leer ausgehen würden und daß ihr langes Warten in der Straße vergeblich gewesen war.

In wenigen Minuten war der Kampf ums Brot zu Ende, der Lärm ebbte ab, ein paar kraftlose Verwünschungen noch, gemurmelt, ungläubige Blicke ins leere Brotregal, der Bäcker hob seinen Korb auf die Hüfte, Stille, Enttäuschung, wir drehten uns wie betäubt, verließen den Laden, schlichen uns ins Licht hinaus, besiegt, stumm, hinter uns schlug der Bäcker die Tür zu.

„Kommen Sie", sagte Mahon, nahm mich am Arm, „rasch, vielleicht kriegen wir jetzt bei Idris ein paar Sandwiches, ich habe seinen Sohn mit zehn Broten an mir vorbeigehen sehn."

Wir bogen durch die Porte Sudan in die Hauptstraße ein, überquerten sie, liefen unter dem Schatten der Kolonnaden zu Idris' Café. Er schnitt bereits gedrittelte Brotstangen auf und belegte sie mit fett-triefenden Fladen aus Rührei, stapelte die Sandwiches auf der verschmierten Glasplatte der Theke, eine Fliegenwolke kondensierte über den Broten. Mahon war schnell genug. Bevor noch einer der uns nachdrängenden Männer etwas sagen konnte, hatte er schon neun Sandwiches bezahlt, Idris schlug sie in Zeitungspapier ein, wir setzten uns an einen der kleinen runden Tische und bestellten Kaffee, Mahon hielt das Paket mit den Broten auf seinen Schoß.

„Pojďte", řekl Mahon, uchopil mě přitom za paži, „rychle, u Idrise teď možná dostaneme pár sendvičů, viděl jsem tu jeho syna, jak nese deset chlebů."

Zabočili jsme Sudánskou branou na hlavní ulici, přešli ji a spěchali ve stínu kolonád k Idrisově kavárně. Už krájel veky předem rozdělelné na třetiny, prokládal je míchanými vejci přetékajícími tukem, a sendviče, nad nimiž houstl roj much, vršil na umatlané sklo výčepu. Mahon byl dostatečně rychlý. Dřív než se někdo z tlačenice za námi zmohl na slovo, zaplatil devět sendvičů, Idris je zabalil do novin, my se posadili k jednomu z kulatých stolků a objednali si kávu, balík s chleby držel Mahon na klíně.

Když jsme odcházeli z kavárny, bylo venku shromážděло aspoň čtyřicet hladovějících — na sendviče neměli. Zdarma nasávali vůni svítků a sladkého pečiva. A pohledy upírali na kupce. Zášť. Bolest. Smutek. Učil jsem se, že islám znamená „sebezapření". Ale tyto tváře zaplavené hladem nebyly smířené s osudem, pouze znavené slabostí. Čtyři černě zahalené ženy na zemi natahovaly ruce ke každému kolemjdoucímu. Mahon rozdával mince. „Pokud nejsou tak vyčerpaní, že ještě mohou žebrat," řekl, „nedaří se jim zle a jejich rouška není tak hustá, aby nepoznaly roumiho jako jste vy. Čekají od vás dolary nebo marky, dejte si pozor. Almužnu nechte raději na mně. Já jsem sice taky křesťan, ale aspoň černý. Dáte-li jim něco, nebudu mít ve svém domě chvilku klidu a budu vám muset odepřít své pohostinství."

Naobědvali jsme se na terase Mahonova domu z červeného jílu, poté co Mahon svých šest dětí i ženu podělil každého

Als wir Idris' Café verließen, hatten sich auf der Straße davor mindestens vierzig Hungrige versammelt — nicht, um Sandwiches zu kaufen. Sie zogen den kostenlosen Duft der Eierfladen und des süßen Gebäcks ein. Und sie richteten ihre Blicke auf die Käufer. Haß. Schmerz. Trauer. Ich hatte gelernt, daß Islam „Hingabe" heißt. Aber die vom Hunger überschwemmten Gesichter sind nicht schicksalsergeben, nur müde vor Schwäche. Vier schwarzverschleierte Frauen am Boden hoben ihre Hände jedem Vorbeikommenden entgegen. Mahon verstreute Münzen. „Solange sie nicht zu erschöpft sind, um zu betteln", sagte er, „geht es ihnen nicht schlecht, und ihr Schleier ist offen genug, um jeden Roumi wie Sie zu erkennen. Von Ihnen erwarten sie Dollars oder Deutschmark, ich warne Sie. Überlassen Sie mir die Almosengeberei. Ich bin zwar auch Christ, aber wenigstens schwarz. Wenn Sie ihnen etwas geben, habe ich in meinem Haus keine Ruhe mehr und muß Ihnen die Gastfreundschaft aufkündigen."

Auf der Terrasse seines roten Lehmhauses nahmen wir unsere Mahlzeit ein, nachdem Effta Mahon seinen sechs Kindern und seiner Frau je ein Sandwich gegeben, dann seine Familie unter lauten Flüchen vom Tisch verscheucht hatte. „Sie sind bloß gefräßig", sagte er, „ein Gast aber ist hungrig." Er lachte. „Wir werden schon nicht verhungern, solange die Natur mir ausreichend musikalische Einfälle schenkt."
„Wo ist Sylvester?"
„Ich meine das mit der Natur keineswegs in einem übertragenen Sinn, sondern durchaus wörtlich. Kommen Sie, ich zeige Ihnen meinen alten Bösendorfer."

jedním sendvičem a pak je s nadávkami odehnal od stolu. „Jsou jenom rozežraní," řekl, „ale host je hladový." Zasmál se. „Dokud mi příroda dopřeje dost hudebních nápadů, hlady neumřeme."
„Kde je Sylvester?"
„To s přírodou jsem myslel doslova, ne v přeneseném smyslu. Pojďte, ukážu vám svého starého Bösendorfera."

V místnosti určené pro křídlo mi byl onen nástroj představen, matný šedočerný lak s mléčnými obláčky, otlučené rohy, sloupky pozoruhodně rozjeté, proutěná židlička celá nakřivo, zažloutlá klávesnice s hnědými skvrnami. „Tady vidíte ohavného křížence švába a koňského chrupu!" zvolal Mahon, židlička pod jeho vahou zavrzala; z nástroje se chaoticky vydraly nelibé, cizorodé tóny, jak tak přejížděl palcem po klávesnici. Obrátil se ke mně: „Čtrnáct let ho nikdo nenaladil a v tomhle podnebí je to vražda," hrdě pravil.

Kdysi, když Mahona už znudila kariéra skladatele šlágrů v Lomé a po pár letech cestování se usadil se svou tuarežskou ženou tady v Timimounu, protože se jim narodilo první dítě, dal Bösendorfera značně dobrodružně přepravit ze svého apartmá v jednom z mrakodrapů hlavního města Toga. Po narození druhého dítěte přestal Mahon udržovat nástroj „v pořádku". Extrémní rozdíly mezi vysokou vlhkostí vzduchu, která v noci proniká od Sebkhy do Timimounu, a vysušujícím žárem provázeným písečnými vichry od května do srpna způsobily, že křídlo vydávalo zcela neobvyklý sled tónů, který nebylo možno jakkoli přepsat do not. Mahon se smál svým vzpomínkám.

Im Flügelzimmer wurde mir das Instrument vorgestellt, blinder Lack, grauschwarz mit milchigen Wolken, abgeschlagene Kanten, die Säulen merkwürdig gegrätscht, schief der geflochtene Korbsessel davor, ein vergilbtes, braunfleckiges Manual: „Hier sehen Sie die abscheuliche Kreuzung einer Riesenkakerlake mit einem Pferdegebiß!" rief Mahon, der Sessel knarzte unter seinem Gewicht; widrige, fremde Töne in anarchischer Folge drangen aus dem Instrument, als er mit dem Daumen die Tasten abstrich. Er drehte sich zu mir um. „Seit vierzehn Jahren nicht mehr gestimmt, und das in diesem Klima, das ist mörderisch", sagte er stolz.

Irgendwann, als ihn seine Karriere als Schlagerkomponist in Lomé gelangweilt hatte und er nach einigen Reisejahren hier Timimoun mit seiner Targia seßhaft geworden war, weil das erste Kind zur Welt kam, hatte er auf abenteuerliche Weise den Bösendorfer aus seinem Hochhausappartement in der togolesischen Hauptstadt hierher verfrachten lassen. Als das zweite Kind geboren wurde, hatte Mahon aufgegeben, das Instrument „in Ordnung" zu halten. Die extremen Wechsel zwischen hoher Luftfeuchtigkeit, die nachts von der Sebkha her in Timimoun einfällt, und dörrender Hitze mit Sandwinden von Mai bis August, hatten dazu geführt, daß der Flügel eine ganz und gar ungewohnte Tonfolge bereithielt, die mit keiner Notenschrift zu fixieren war. Mahon lachte, während er sich erinnerte.

„Ich habe gekämpft, jeden zweiten Tag mit den Saiten dieser verdammten Kakerlake gekämpft, bis ich endlich klug genug war, mich zu fragen, worum ich da eigentlich kämpfte. Ich bat um den Rat

„Bojoval jsem, obden jsem zápasil se strunami toho proklatce, dokud jsem nezmoudřel a netázal se sám sebe, o co vlastně bojuji. Poprosil jsem o radu jednoho starého Tuarega, který žije dole u Sebkhy, nikdo neví, jak je starý, proč žije tam v bahně ve stanu jako nomád, ale jeho kri-kri platí za nejlepší amulety v celém kraji Gourara. Dovedete si představit, jak krutě se mi vysmál? „Křesťane," řekl, „jsi umělec, a přece bojuješ o špatnou věc." „Co je špatného na tom, že chci naladit svůj nástroj?", ptám se. Řekl: „Jako umělec musíš bojovat o neznámé. A co děláš ty? Snažíš se, abys dal do pořádku to, co už je známé, ty musíš být chorý." Požádal jsem ho, aby si křídlo prohlédl, a on opravdu vystoupil palmovým hájem až sem nahoru, vložil dlaně na obludu, zamumlal pár idiotských zaklínadel, a od té doby nevydá ten krám jediný pořádný tón. Není to úžasné? Řekněte, není to fantastické? Že ne? Studia v Paříži si to myslí."
„Máte úspěch?"
„Co dělám, se cení — to je nabíledni. Od té doby jsem nenapsal jedinou partituru. Stačí mi přehrávač kazet. Víte, ti lidi tam mě zpočátku měli za blázna, až si všimli, že můj klavír nezní falešně, ale nezvykle, nebo lépe řečeno: nepovědomě — a za pár dní zase jinak, protože na neznámé není žádné spolehnutí. Já se s tím musím pokaždé znovu vyrovnávat a ve velkých studiích dělají s těmi jejich computery z mých skladeb hudbu k filmům. Mám si naříkat? Mé příjmy nejsou astronomické, zato pravidelné. Za každou kazetu, kterou pošlu do Paříže nebo do Alžíru, dostanu tolik, že z toho můžeme žít dobré čtyři měsíce. Proč bych tedy měl toho svého Bösendorfera ladit?"
„A v Paříži na tom vydělávají milióny."
„Možná," řekl, „dejme tomu. Ale jsou ti, co je vydělávají, taky tak šťastní jako já?

eines alten Targi, der unten am Rand der Sebkha in seiner Khaima haust, kein Schwein weiß, wie alt er ist, warum er mitten im Lehm in einem Zelt lebt, aber seine Kri-Kris gelten als die besten Fetische in der ganzen Gourara-Region. Können Sie sich vorstellen, wie erbarmungslos er mich ausgelacht hat? ‚Christ‘, sagte er, ‚du bist ein Künstler, und doch kämpfst du um das Falsche.‘ ‚Was ist falsch daran, daß ich mein Instrument stimmen will?‘ fragte ich. Er sagte: ‚Als Künstler mußt du um das Unbekannte kämpfen. Aber was tust du? Du kämpfst, um das Bekannte immer wieder herzustellen, du mußt krank sein.‘ Ich bat ihn, sich den Flügel anzusehen, und wirklich, er kam durch die Palmeraie herauf, er legte seine Hände auf die Kakerlake, er murmelte irgendwelche idiotischen Zaubersprüche, und seither stimmt an dem Kasten kein einziger Ton mehr. Ist das nicht wunderbar? Sagen Sie, ist es nicht toll? Nein? Die Studios in Paris finden es toll.“

„Sie haben Erfolg?“

„Man schätzt offenbar, was ich mache. Ich habe seit damals keine einzige Partitur geschrieben. Der Kassettenrecorder genügt. Sehen Sie, die Leute dort haben mich anfangs für verrückt gehalten, bis sie merkten, daß mein Flügel nicht falsch klingt, sondern ungewohnt, besser gesagt: unbekannt — und das alle paar Tage wieder anders, denn auch auf das Unbekannte ist kein Verlaß. Ich finde mich immer neu darin zurecht, und in den großen Studios machen sie aus meinen Kompositionen mit ihren Computern Filmmusiken. Soll ich klagen? Meine Einkünfte sind nicht überwältigend, aber regelmäßig. Für jede Kassette, die ich nach Paris oder Algier schicke, bekomme ich genügend Geld, daß wir gut

Žijí uprostřed přírody, která jim sama dává do ruky neznámé tóny? Mám se tam vydat a říct jim: Dejte mi ty computery? A dřít se do úmoru? Když tady ten velký dar přírody visí ve vzduchu?“

Vrátili jsme se na terasu, posadili se těsně u zdi zbudované z jílu Sebkhy, přes její cimbuří shlíželi dolů na široký pás palem, jehož tmavou zeleň na úbočích vystřídala světlejší zahrádek a políček, na nichž slaný močál zanechal své bledé škraloupy, rezavé díry a lesklé stopy vody z oné nížiny, která se fialově a narůžověle třpytila v šíř i v dál, jako by byla poseta květy; tato proměnlivá hra barev přecházela na obzoru do zářivých dun Velké západní pouště a pouště Er-Raoui. „Vmyslete se dál tím směrem,“ řekl Mahon, „pořád dál a dál pískem, a dostanete se k Atlantiku, zhruba u Aajunu, proti Kanárským ostrovům. Často, když tu tak sedím, podnikám tuto cestu, a když se mi zdaří, osvěží mě vlny moře.“

Přeložila Michaela Jacobsenová

129

vier Monate davon leben können. Wofür sollte ich also meinen Bösendorfer stimmen?"

„Und in Paris macht man damit Millionen."

„Mag sein", sagte er, „mag sein. Aber sind die, die ihre Millionen machen, auch so glücklich wie ich? Leben sie in einer Natur, die ihnen die Töne des Unbekannten unter die Hände legt? Soll ich hinfahren und sagen: Laßt mir die Computer? Und mich abmühen? Während hier das große Geschenk der Kunst aus der Luft kommt?"

Wir gingen zur Terrasse zurück, setzten uns dicht an die Mauer aus dem Lehm der Sebkha und blickten über ihren Zinnenrand auf den breiten Palmengürtel hinab, dessen dunkles Grün in der Senke abgelöst wurde vom Hellgrün der Gärten und kleinen Felder, an die der Salzsumpf seine bleichen Krusten, rostigen Löcher und blitzenden Wasserspuren heranschob, aus jener Tiefebene, die bis in die Ferne, als wäre sie überzogen von Blüten, lila und rosarot flirrte; ein zitterndes Farbenspiel, das am Horizont an die leuchtenden Dünen des Grand Erg Occidental und des Erg Er-Raoui stieß. „Denken Sie sich dort weiter hinaus", sagte Mahon, „immer weiter durch den Sand, und Sie gelangen an den Atlantik, ziemlich genau bei Aajun, gegenüber von den Kanarischen Inseln. Ich unternehme oft, wenn ich hier sitze, diese Reise, und wenn sie gelingt, erfrischen mich die Wellen des Meeres."

Petr Prouza

Hotel Karneval

Die heutige Zeit hat es eher mit den exakt nachweisbaren Erscheinungen, mit der Mathematik, der Elektronik, den Zahlen, präzisen Tabellen und Aufstellungen. Schade. Das Geheimnis gehört zum Zeitverlauf, und man sollte es nicht von vornherein aus unserem Schicksal ausschließen.

Übrigens, ich weiß diesbezüglich einiges, aber nachweisen könnte ich es ebenfalls nicht. Wie damals alles angefangen hat, weiß ich eigentlich nicht.

Manche menschlichen Fähigkeiten lassen sich nicht nachweisen. Ahnung von Gewittern, Sehen des gemeinhin Unsichtbaren, Töne, die nur wir selbst vernehmen und sonst keiner. Selbstverständlich gibt es noch eine Reihe weiterer Begabungen, praktisch anwendbare, die wir im Augenblick des Tuns nicht fassen können, es sei denn, mittels des Ergebnisses.

Möglicherweise schon bei meiner Geburt, aber selbstredend ahnte ich nichts davon. Ich kam am dritten Januar neunzehnhundertfünfundvierzig zur Welt. Wäre es wenigstens der erste Januar gewesen, so daß man darin ein Vorzeichen für etwas Umbruchartiges hätte sehen können, doch der dritte, der brachte nichts.

Allerdings war das, was ich später darüber dachte, zum Zeitpunkt meiner Geburt vollkommen unwichtig. Wichtig war, was meine Mutter darüber dachte, und auch, was meine Großeltern dachten. Großvater Leopold und Großmutter Anneliese.

Mnohé lidské schopnosti se nedají nijak doložit. Tušení bouřek, vidění jinak neviditelného, zvuky, které vnímáme jen my sami a nikdo jiný kolem nás, ale samozřejmě existuje i řada dalších nadání praktičtějších, která ve chvílích výkonu nemůžeme nijak zachytit, a když, tak pouze jejich výsledek.

Přítomná doba přeje spíše exaktně prokazatelným jevům, matematice, elektronice, číslům, přesným tabulkám a přehledům. Je to škoda. Tajemství patří k proudu času a je zbytečně ho už předem vylučovat z našich osudů.

Ostatně, vím o tom své, ale doložit to také dost dobře nemohu. Ani vlastně nevím, kdy to všechno začalo.

Možná už při narození, aniž bych o tom pochopitelně cokoliv tušil. Narodil jsem se třetího ledna devatenáct set čtyřicet pět, Kdyby alespoň bylo prvního, aby se to dalo předznamenat jako cosi přelomového, ale třetího, to už nebylo ono.

I když, co já jsem si o tom později myslel, bylo v době mého narození zcela nedůležité. Určující bylo, co si o tom myslela má matka a také moji prarodiče. Dědeček Leopold a babička Anneliese.

Pro mou matku to jistě bylo zadostiučinění po všech těch předchozích nelehkých, trpkých měsících. A děda byl nakonec rád, že sc narodil kluk, další Rajmont.

Für Mutter war meine Geburt eine Er- lösung nach all den schweren, bitteren Monaten. Und Großvater war am Ende froh, daß sie einen Jungen bekommen hatte, einen weiteren Rajmont.

1945 eine ledige Mutter zu sein, das war im Unterschied zu heute wahrlich ein Abenteuer, eines, das viele scheinbar emanzipierte heutige Frauen aus ver- schiedenen Gründen bewußt suchen.

Damals in dem kleinen südmährischen Städtchen, wo jeder alles von jedem wußte, eine uneheliche Schwangerschaft auf sich zu nehmen, erforderte große Entschiedenheit und Kühnheit. Zumal wenn die werdende Mutter einzige Tochter des größten Gastwirts am Ort war und erst einen Monat nach der Nie- derkunft zwanzig werden sollte.

Achtzehnjährige Mütter, heute keine Seltenheit, gab es damals kaum, und ein lediges schwangeres Mädchen unter zwanzig war etwas Außergewöhnliches, obwohl der Zweite Weltkrieg alle Werte durcheinandergebracht und in Frage gestellt hatte.

Freilich verhieß der Jahresbeginn 1945 weltbewegende Ereignisse, Ereignisse grundlegender Natur für das Leben von Millionen Menschen, so daß die Schwangerschaft und die Niederkunft der jungen Lída Rajmontová doch kein solches Echo fanden, wie dem in nor- malen Vorkriegsjahren gewesen wäre.

Aber wäre ich zu normalen Zeiten über- haupt entstanden? Kompliziert wurde die Sache noch einmal dadurch, daß außer meiner Mutter niemand wußte, wer der Vater war. Es gab verschiedene Vermutungen, es fiel sogar der eine oder

Být svobodnou matku v roce 1945, to bylo panečku jiné dobrodružství než v dnešních časech, kdy to naopak mnohé zdánlivě emancipované ženy z různých důvodů vyhledávají.

Ale stát se svobodnou matkou na malém jihomoravském městečku, kde všichni vědí o druhém skoro všechno, to už byl čin podepřený velkou rozhodností a odvahou. A což teprve, když nastávající matkou byla jediná dcera majitele největšího místního hostince, které ke všemu teprve měsíc po porodu bude dvacet.

Nynější osmnáctileté matky se tehdy vyskytovaly málo, těhotná dívka pod dvacítku, a svobodná, to bylo cosi mimo- řádného, přestože trvající druhá světová válka všechny hodnoty pořádně zpřehá- zela a obnažila.

Rok 1945 sliboval události vpravdě světodějné, události zásadního charak- teru pro životy miliónů lidí, takže těho- tenství a poté porod mladinké Lídy Rajmontové přece jen nevyvolaly takový ohlas, jakému by byly vystaveny v normálních časech.

Jenže narodil bych se v normálních časech? Totiž, aby to skutečně nebylo jednoduché, vyjma mé matky nikdo nevěděl, kdo je otcem. Nepochybně se objevovaly všelijaké dohady, padala asi různá jména a všemu dala korunu po- hořelická porodní bába, která mým prarodičům toho třetího ledna oznámi- la, že jsem asi ptáček z dalekých krajin.

Dědečka Leopolda jsem poznal už jako opravdu starého pána, a přesto ještě tehdy vyhlížel nadmíru impozantně a svéhlavě. Musel to být velký pruďas,

In Sulzbach-Rosenberg. V. l.: / V Sulzbach-Rosenbergu. Zleva:
Petr Prouza, Zdeněk Zapletal, Josef Hrubý, Franz Peter Künzel

andere Name, und die Krone setzte dem Ganzen die Hebamme aus Pohořelice auf, als sie an jenem dritten Januar meinen Großeltern verkündete, ich sei wohl ein Vögelchen aus weiten Fernen.

Großvater Leopold lernte ich bewußt erst kennen, als er schon ein alter Herr war, ungeachtet dessen aber höchst imposant und eigenwillig wirkte. Er muß zu gelegentlicher Heftigkeit geneigt haben, wenn er nach dieser Verkündigung in die Gaststube ging und genau fünfundvierzig Biergläser nacheinander an der Wand zerschmetterte.

Bei meinem Eintritt in die Welt begrüßten mich also der ferne Kanonendonner und das Splittern von Glas. Das erzählte mit später die Großmutter; Mutter und Großvater verloren nie ein Sterbenswort darüber.

když po tom oznámení šel do šenku a tam jeden za druhým rozflákal o zeď přesně čtyřicet pět pivních půllitrů.

Na svět mě tedy vítalo dunění vzdálených děl a třesk skla. To vše mi mnohem později vyprávěla má babička, od matky ani od dědy o tom všem nikdy nepadlo ani slovo.

Někde mám schovanou svou první fotografii, je ze křtin, ale na ní toho zase tak moc poznat není.

To spíš pak na těch o čtyři pět let starších. Vyhlížím na nich jako baculaté děťátko někde od Jadranu, ale hodně z jihu, či ještě dál; vysoké, světlé ženě s jasnou, průzračnou bílou pletí, jakou mívají pihovaté zrzky se zelenýma očima, té jscm tedy nebyl podobný vůbec.

133

Irgendwo habe ich noch das erste Foto von mir, es wurde bei der Taufe gemacht, aber sehr gut bin ich darauf nicht zu erkennen.

Besser sieht man mich auf den Fotos, die vier, fünf Jahre später aufgenommen wurden. Darauf schaue ich aus wie ein pausbäckiges Jüngelchen von irgendwo an der Adria her oder aus noch weit südlicheren Gefilden; der hochgewachsenen Frau mit dem hellen, durchsichtigen Teint, wie ihn sommersprossige Rothaarige mit grünen Augen zu haben pflegen, glich ich nicht im entferntesten.

Muttchen war ihrer Mutter wie aus dem Gesicht geschnitten, meiner Großmutter also. Jener Anneliese Mevald-Rajmontová, die der Großvater einst von der Wanderschaft aus Kärnten nach Pohořelice mitgebracht hatte, noch zu Zeiten der österreich-ungarischen Monarchie.

Versteht sich, daß ich in den Jahren meines Heranwachsens, in jener Epoche, da bei uns alle möglichen Fragebögen und Kaderformulare ausgefüllt werden mußten, angesichts der Rubrik „Vater" jedesmal zögerte, bevor ich, im Lauf der Jahre mit immer größerem emotionalem Abstand, hineinschrieb: Unbekannt.

Nur ein einziges Mal fand Muttchen sich zu einer schroffen Erklärung bereit, nämlich vor meinem Eintritt in die Oberschule von Hustopeč: „Glaub mir, Vojta, ich hab den Mann selbst kaum gekannt, es war eine seltsame Begegnung, und es ist sinnlos, daß wir ausführlicher darüber reden. Du bist mein Sohn, mein Junge, mein ein und alles."

Maminka naopak jako by z oka vypadla své matce, mé babičce. Anneliese Mevald-Rajmontové, kterou si dědeček přivezl do Pohořelic odněkud z Korutan ze svého tovaryšského putování ještě z dob c. k. monarchie Rakousko-Uherska.

Samozřejmě, později v letech dospívání, v době, kdy se vyplňují různé dotazníky, a u nás se všelijaké kádrování dělá při všech možných i nemožných příležitostech, jsem vždycky nad rubrikou otec zaváhal, než jsem tam s čím dál větším citovým odstupem vpisoval — neuveden.

Matka mi poskytla strohé vysvětlení v době, kdy jsem přecházel na střední školu do Hustopečí. — Věř mi, Vojto, sama jsem toho muže takřka neznala, bylo to zvláštní setkání a je zbytečné, abychom o tom spolu víc mluvili. Jsi můj syn, můj chlapec, moje všechno.

Mně tohle zdůvodnění stačilo. Dědečkovi ale nikdy. Naléhal už tehdy ve čtyřiačtyřicátém na svou dceru horem a dolem, aby mu řekla, s kým otěhotněla, ale ta se zatvrdila a nic mu nepověděla, umíněnost v rodě Rajmontů byla nejspíš dědičná.

Děda ještě po své sedmdesátce na tohle téma rozvíjel všelijaké úvahy, zdali to byl nějaký Maďar, zatoulaný Jugoslávec nebo Řek. Čertví, kdo to byl. Tehdy se všude a odevšad objevovaly roztodivné existence a maminka toho někoho určitě potkala v Brně, kam každých čtrnáct dnů jezdila kvůli dodávkám zboží pro hostinec, v Pohořelicích by si toho jistě mnozí všimli. Ale třeba to bylo úplně jinak.

Co může devatenáctiletá dívka uprostřed běsnění války vědět o budoucnosti.

Diese Begründung reichte mir. Nicht jedoch dem Großvater. Er war schon im Vierundvierzigerjahr in seine Tochter gedrungen, hatte sie auf alle möglichen Arten zu zwingen versucht, ihm zu bekennen, von wem sie schwanger geworden war, doch sie hatte sich verhärtet und nichts gesagt. Starrköpfigkeit schien im Geschlecht der Rajmonts erblich zu sein.

Noch als der Großvater die Siebzig schon überschritten hatte, konnte er seine Überlegungen darüber anstellen, ob es wohl ein Ungar, ein verirrter Jugoslawe oder ein Grieche gewesen sei. Der Teufel wußte, wer es wirklich war. Tatsächlich waren zur fraglichen Zeit von überall her wunderliche Gestalten aufgetaucht, und Muttchen hatte den gewissen Jemand sicherlich in Brünn kennengelernt, wohin sie alle vierzehn Tage wegen der Lieferungen für die Gastwirtschaft fahren mußte. In Pohořelice wäre die Sache nicht unbemerkt geblieben. Aber vielleicht hatte es sich ganz anders zugetragen.

Was konnte ein neunzehnjähriges Mädchen mitten im Kriegsgeschehen schon von der Zukunft halten! Wahrscheinlich war es ein Augenblick des totalen Zufalls gewesen, in einem betäubenden Zeitausschnitt waren zwei Wesen unter dem Eindruck unsicherer und veränderlicher Tage zusammengetroffen, und zwischen ihnen war unversehens eine Insel überraschender Harmonie entstanden. Danach hatten sie sich nicht wiedergesehen.

Der fremde Mann ahnte bestimmt nicht, daß in Pohořelice ein Sohn von ihm aufwuchs. Vermutlich wußte er überhaupt nicht, daß dieses Städtchen existierte.

Asi to opravdu byla chvíle totální náhody, v nějakém omamujícím časovém výseku se potkaly dvě bytosti a v tlaku tehdejšího tak nejistého a proměnlivého času se mezi nimi pojednou vynořil ostrov nečekaného souzvuku. A pak už se nikdy neviděli.

A ten cizí muž ani v nejmenším netušil, že kdesi v Pohořelicích vyrůstá jeho syn. Nejspíš vůbec nevěděl, že vůbec nějaké takové městečko existuje a kde leží.

Přitom Pohořelice mají svou bohatou historii, kterou jsem v prvním ročníku na pražské právnické fakultě, kde se podobná témata dostávala ke slovu, každému pyšně předestíral.

Tak už v září roku 1773 navštívil Pohořelice císař Josef II., ubytoval se na místní faře, pěkné, rozlehlé budově, a tam přespal na vlastním slamníku, který si vozil stále s sebou.

A vlastně jen o nemnoho let později, roku 1805, přesně zachyceno, dne 19. listopadu přespal na téže faře císař Napoleon, který směřoval ke Slavkovu. Ten vlastní slamník neměl. A zato postel, na níž přespal, přetrvala všechny nárazy onoho i příštího století a zůstala na faře snad dodnes.

Snad, už jsem v Pohořelicích dlouho nebyl, nikoho tam už pořádně neznám, a tak ani nevím, co je a není na místní faře.

Narodil jsem se doma, tedy v hotýlku spojeném s hostincem jménem Bergmann, který se zanedlouho, v květnu roku 1945, přejmenoval na Národní dům.

Dabei kann Pohořelice auf eine beachtliche Geschichte verweisen. Auf der Prager juristischen Fakultät, im ersten Semester, wenn solche Themen zur Sprache kamen, erzählte ich davon jedem voll Stolz.

Schon im September 1773 hatte Kaiser Joseph II. Pohořelice besucht, in der Pfarrei Quartier genommen, in dem schönen, weitläufigen Bau, wo er auf dem eigenen Strohsack schlief, den er überallhin mitnahm.

Nur wenige Jahre später, 1805, genau am 19. November, übernachtete in der gleichen Pfarrei Kaiser Napoleon, der Austerlitz zustrebte. Einen eigenen Strohsack hatte er nicht dabei. Das Pfarreibett, in dem er schlief, überstand alle Unbilden des vorigen und dieses Jahrhunderts. Es steht noch heute an seinem Ort.

Vielleicht — denn ich war schon lange nicht mehr in Pohořelice, kenne dort kaum noch jemanden und weiß folglich gar nicht, was sich in der dortigen Pfarrei noch befindet oder nicht mehr befindet. Ich bin daheim auf die Welt gekommen, in dem Hotelchen also, das der Gaststätte mit dem Namen Bergmann angeschlossen war. Bald danach, im Mai 1945, hat man sie in Volkshaus umbenannt.

Mein Großvater, überall als Rajmonts Poldi bekannt und jahrelang Pächter des ganzen Komplexchen, bereitete sich ab Juni 1945 darauf vor, Pohořelice zu verlassen und mit der Familie in das nahe Österreich zu ziehen.

Seine Frau war zwar Österreicherin, dennoch aber hätte Großvater, der ein-

Můj děda, všude známý jako Poldík Rajmontů, byl dlouholetým nájemcem celého zařízení a někdy začátkem června 1945 se chystal s celou rodinou Pohořelice opustit a přestěhovat se do nedalekého Rakouska.

I když babička byla Rakušanka, děda byl Moravák se vším všudy a nikam by odcházet nemusel, ale on chtěl. Ne, z žádných národnostních příčin, ostatně tam, na pomezí, se po staletí míchaly české a německé rodiny tak běžně, že u starousedlíků se těžko určovalo, kdo je ten či onen; děda se pro odchod rozhodl z jiného důvodu.

Dědeček byl muž trvale velkých plánů, ještě i tehdy, když jsme se viděli prvně, a to mně bylo čtrnáct, dvaasedmdesátiletý Poldík uvažoval o tom, zakoupit nějaký hotel na Madeiře, tam je teplo a táhnou se tam turisti jako mouchy. Mluvil o tom zcela vážně a měl promyšlených několik variant postupného přesunu z Innsbrucku na onen lákavý ostrov.

Vždycky ho bavilo vymýšlet bájné vzdušné zámky a strkal peníze do předem ztracených projektů nejspíš jen pro onen pocit opojení ze hry, z podnikavosti. Asi také proto neměl nikdy víc než jeden hotýlek, který mu ani zcela nepatřil.

Hned v pětačtyřicátém nějakým šestým smyslem vytušil, že poválečné Československo nebude právě nakloněno podnikavým duchům jeho ražení, a navíc už dlouho hýčkal sen o hotelu v Alpách, tam přece musí být daleko voňavější a ostřejší vzduch než v jihomoravské rovině.

gefleischte Mährer, nicht weggehen müssen. Doch er wollte es selbst. Keineswegs aus nationalen Gründen, schließlich hatten sich dort, an der Sprachgrenze, durch Jahrhunderte tschechische und deutsche Familien vermischt, so sehr, daß man bei Alteingesessenen kaum bestimmen konnte, ob jemand zu den einen oder zu den anderen gehörte; der Großvater entschloß sich aus anderen Gründen zum Gehen.

Zeitlebens hatte er große Pläne gehegt, und als ich ihn als Vierzehnjähriger wiedersah, erwog der zweiundsiebzigjährige Poldi, ein Hotel auf Madeira zu kaufen, weil es dort warm war und die Touristen in Scharen hinkamen. Er erwog es ernsthaft, legte sich einige Varianten des schrittweisen Umzugs von Innsbruck auf die verlockende Insel zurecht.

Ihm machte es einfach Spaß, Luftschlösser zu bauen. Als Folge davon hatte er immer wieder Geld in aussichtslose Projekte gesteckt, wohl nur wegen des Berauschtseins von diesem Spiel, von der unternehmerischen Lust. Wahrscheinlich hatte er es deshalb nicht zu mehr gebracht als zu dem einen Hotelchen, das ihm nicht einmal gehörte.

Gleich im Fünfundvierzigerjahr war ihm wie durch einen sechsten Sinn die Ahnung gekommen, daß die Nachkriegs-Tschechoslowakei unternehmerischen Geistern seines Kalibers nicht gut gesonnen sein würde. Obendrein hatte er schon immer den Traum von einem Hotel in den Alpen geträumt, wo die Luft doch duftender und frischer sein mußte als in der südmährischen Ebene.

Übersetzung: Franz Peter Künzel

Václav Dušek

Der gläserne Golem
Skleněný Golem

Er trat vor das kleine Haus. Aus den Baracken rauchte es, aber im Lager war keine Menschenseele auszumachen; nirgends konnte ich den jungen Mann mit den strohblonden Haaren erspähen. Vom Wachturm drang der satte Bariton des Posten zu mir: „Geroj geroj Čapajev bil vse vremja vperedi …" Dieses Lied kannte ich nur zu gut. Ich hatte es gelernt, weil ich mit unserem Chor in den Hallen der Fabrik vor den Arbeitern auftreten sollte. Im letzten Augenblick jedoch war ich von der wachsamen Direktorin Štaffenová um diese Ehre gebracht worden. Ich sang dann auf dem Hof unseres Mietshauses, gewaltig laut — für einen einzigen Zuschauer und Zuhörer, für Korolus. Der Chor hatte gesungen, die Arbeiter hatten ihre Arbeit wieder aufgenommen. In kurzen Ruhepausen hatten die Sänger geplaudert und sich auch in das Chronikbuch eingetragen. Nach dem Singen war es in die Betriebskantine gegangen und nach dem Mittagessen dort zum gemeinsamen Kinobesuch in die alte Sokol-Turnhalle beim Viadukt, wo der alte Sokolturner Mézl sich gebärdete, als gehöre die Halle ihm. Dem Vernehmen nach wurden zwei Wochenschauen und kurze Groteskfilme gegeben. Ich beneidete unsere Chorleute auch darum, daß sie in der Fabrik hatten wirkliche Gewehre und Munition in die Hand nehmen können. In der Nacht damals hatte ich sogar geweint. Daß gerade ich nicht hatte in die Fabrik mitgehen und singen dürfen! Ich

Vyšel jsem před domek. Z baráčků se kouřilo, v táboře nebylo živé duše; nikde jsem neobjevil mladíka se žlutými vlasy. Ze strážní věže ke mně dolehl sytý baryton strážného — geroj geroj Čapajev bil vse vremja vperedi … Tu píseň jsem dobře znal. Učil jsem se jí, protože jsme měli vystupovat se souborem v halách fabriky před dělníky. V poslední chvíli jsem byl té pocty zbaven ostražitou ředitelkou Štaffenovou. Zpíval jsem na dvoře našeho baráku a zpíval jsem pořádně nahlas — pro jediného diváka a posluchače, pro Koroluse. Soubor zpíval, dělníci pracovali. Po krátké přestávce pobesedovali, zapsali se do kroniky. Zavedli je do závodní jídelny a po obědě společně navštívili kino ve staré sokolovně u viaduktu, kde byl stále starý sokolník Mézl, který se choval tak, jako by mu sokolovna patřila. Promítaly se prý filmové týdeníky a krátké grotesky. Záviděl jsem všem ze souboru, že si mohli sáhnout na opravdové flinty a náboje. V noci jsem plakal. Proč právě já nemohl být ve fabrice a zpívat — zpíval bych dobře, ano, zpíval bych nejlépe! Nenáviděl jsem Štaffenovou? Nepamatoval jsem si, ale chtěl jsem jedno, zase zpívat v souboru, jenže jsem nevěděl, jak to zařídit; Korolus mě varoval, abych nedolézal. Dolézání je prý nejhorší věc na tomto světě — buď si tě povšimnou, anebo je vidět, že ničemu nerozumí a nemá se cenu s nimi zahazovat. Korolus! Jenže on nezpíval, on nemohl vědět, co pro mě znamenalo, že

In Pilsen. V. l.: / V Plzni. Zleva: Václav Dušek, Ota Filip

hätte gut gesungen, jawohl, ich hätte am besten von allen gesungen! Hatte ich die Štaffenová deswegen gehaßt? Ich wußte es nicht mehr. Wußte nur das eine, daß ich wieder im Chor singen wollte. Bloß — wie das einrichten? Korolus hatte mir warnend geraten, nicht zu kriechen. Kriechen sei das schlimmste auf dieser Welt. Entweder man bemerke mich, oder es zeige sich, daß die nichts verstanden und daß es keinen Sinn hatte, sich an solche wegzuwerfen. Der Korolus! Er sang nicht, begriff nicht, was es für mich bedeutete, vor Menschen zu stehen, die mir zuhörten. In der Nacht damals hatte ich geträumt, daß ich eines Tages ein großer Schauspieler sein würde, jawohl, daß ich der Štaffenová eine Freikarte schicken würde; ich würde sie, die Alte und Gebrechliche, persönlich in die Loge führen, ihr beim Platznehmen hel-

stojím před lidmi, kteří mě poslouchají. V tu noc jsem snil, že jednou budu slavným hercem, ano, a pošlu volný lístek Štaffenové; bude stará a nemohoucí, ale já sám ji uvedu do lóže, posadím ji a budu hrát jen pro ni, aby poznala, jakou udělala chybu, že mě nenechala zpívat ve fabrice! Strážný zpíval dobře, toho by Štaffenová do souboru jistě vzala. Za zády jsem cítil něčí pohled. Otočil jsem se a za mnou stál s cigaretou v puse blonďák, tátův spolubydlící.

Mrkl na mě a povídá: „Ten si zpívá, co, kurva? Ať zpívá ... a co ty nezpíváš, Tonere?"

„Já neumím," zalhal jsem ze strachu. „Zpívám špatně."

„Už ses naučil lhát? Táta říkal, že chodíš zpívat do kostela ... nebo že by nemluvil pravdu?"

fen und dann nur für sie spielen, damit sie erkannte, welchen Fehler sie gemacht hatte, als sie mich nicht in der Fabrik singen ließ. Der Posten sang gut, den hätte die Štaffenová gewiß in den Chor aufgenommen. Unversehens spürte ich einen Blick in meinem Rücken. Ich drehte mich um, und vor mir stand, eine Zigarette im Mund, Vaters Wohngenosse, der strohblonde junge Mann.

Er blinzelte mir zu und sagte: „Der hat gut singen, was, der Mistkerl? Soll er doch … Und du, du singst nicht, Toner?"
„Kann ich nicht", log ich ängstlich. „Ich singe schlecht."
„Du hast das Lügen schon gelernt? Dein Vater hat nämlich gesagt, daß du in der Kirche singst … Oder hat er vielleicht nicht die Wahrheit gesagt?"
„Ich gehe in die Kirche, singe aber nicht, nur er …"
Der Strohblonde lachte, daß er sich verschluckte. „Glaube ich gern, glaube ich sehr gern … Was gäb das, wenn du ausgerechnet dieses Lied während der Messe singen würdest, he?" Er wurde ernst, sog ausgiebig an seiner Zigarette. „Weißt du eigentlich, daß du einen sehr guten Vater hast, Toner? Er denkt viel an dich."
Ich schwieg. Sein Blick machte mir angst.
„Wir alle hier sind gute Leute. Lumpen sind wir, brave und anständige und feige Leute. So feige, Junge, daß jeder jeden fürchtet. Schau mich an. Na, schau mich nur an! Fürchtest du mich?"
„Nein."
„Da tust du nicht gut daran. Du solltest dich fürchten. Frag deinen Vater, was wir für Leute sind. Wir sind nicht wie die anderen. Uns hat jeder zu fürchten. Auch du, kapiert, Toner?"
„Ja", sagte ich. „Warum aber?"
„Weil wir die Welt vernichten wollen —

„Chodím, ale nezpívám jako on …"
Rozesmál se, až se zakuckal. „To rád věřím, to strašně rád věřím … Jak by to asi znělo, kdybys spustil právě tuhle o svatý mši, co?" Zvážněl a potáhl z cigarety. „Víš o tom, že máš moc hodnýho tátu, Tonere? Pořád na tebe vzpomíná."
Mlčel jsem, z jeho očí šel na mě strach.
„Všichni jsme tu dobří lidé. Takoví dobráci, hodní a slušní a zbabělí lidé. Tak zbabělí, chlapče, že se jeden druhého bojíme. Koukni se na mě. No, jen se podívej. Bojíš se mě?"
„Ne, nebojím."
„Hmmm, neděláš dobře. Měl by ses bát. Zeptej se svýho táty, co my jsme zač. My nejsme jako ostatní lidé. Nás se každý musí bát. I ty, jasný, Tonere?!"
„Ano," řekl jsem. „Ale proč?"
„Protože chceme zničit svět — i tebe! I tam toho, co si zpívá. Pak zůstaneme sami … Jseš s námi nebo s těmi od brány?"
„Já nevím …"
„Hmmm, už ses naučil vytáčet, to je dobře. Když se naučíš říkat nevím, Tonere, tak to přivedeš daleko, opravdu. Ty mi nevěříš? Ne? Tak koukej mazat za tátou, třeba ti o tom něco poví!"

Seděli proti sobě u stolku, jako by si chtěli vyložit pasiáns. Dívali se na sebe a ani si nevšimli, že jsem vešel. Kolik zbývalo času do ukončení návštěv? Objal jsem tátu kolem krku. Voněl erárním mýdlem, voněl tím táborem, patřil k němu.
„Mluvil jsi s ní?" zašeptal jsem mu do ucha. „Co ti říkala?"
„Nechodí za mnou, ani jednou tu nebyla."

Nerozuměla nám. Pročísla si vlasy a posadila se k oknu. Jaká byla máma hezká — ale nikdy bych jí nemohl o

auch dich! Und auch den dort, der sich eins singt. Wir allein bleiben übrig … Bist du für uns oder für die am Tor?"

„Weiß nicht …"

„Hm, hast schon gelernt, dich herauszureden, das ist gut. Wenn du erst richtig sagen kannst, ich weiß nicht, Toner, dann bringst du es weit, wirklich. Du glaubst mir nicht? Nein? Dann hau ab zu deinem Vater, vielleicht klärt er dich auf!"

Sie saßen einander an dem kleinen Tisch gegenüber, als würden sie eine Patience legen. Sie sahen einander unverwandt an und merkten gar nicht, daß ich eingetreten war. Wieviel blieb mir noch bis zum Ende der Besuchszeit? Ich legte dem Vater die Arme um den Hals, er roch nach Zuteilungsseife, nach dem Lager, zu dem er gehörte.

„Hast du mir ihr geredet?" flüsterte ich ihm ins Ohr. „Was hat sie zu dir gesagt?"

„Sie besucht mich nicht, war kein einziges Mal hier."

Mutter verstand uns nicht. Sie war sich durchs Haar gefahren und hatte sich ans Fenster gesetzt. So hübsch Mutter auch war — ich hätte ihr nie etwas von einem Stern erzählen können. Sterne, das war nur etwas für mich und den Vater.

„Mich hat sie auch lang nicht mehr besucht, aber ich erreiche sie schon."

„Schickst du sie zu mir?"

„Mache ich, Vater, hab keine Angst", sagte ich. „Warum besucht sie dich denn nicht?"

„Vielleicht weil sie Angst hat …"

„Der, der mit dir zusammenwohnt, hat gesagt, daß ich euch fürchten sollte."

„Glaube ihm nicht, er ist jung und dumm."

„Hat er mir was vorgelogen?"

„Nein, aber er ist jung. Du kannst das nicht verstehen, Matouš."

---

hvězdě povědět. Hvězda byla jen má a tátova.

„Za mnou už taky nebyla dlouho, ale najdu ji."

„Pošleš ji za mnou?"

„Udělám to, tati, neboj se," řekl jsem.

„Proč za tebou nepřijde?"

„Možná se bojí …"

„Ten, co s tebou bydlí, říkal, že bych se vás měl bát."

„Nevěř mu, je mladý a hloupý."

„Lhal mi?"

„Nelhal, ale je mladý. Tomu bys nerozuměl, Matouši."

„Tak se jí zeptám, co tomu říkáš?"

„Bylo by to zbytečný. Neodpoví ti. Všude nechodí a sem určitě ne … Bude líp, když se tím nebudeš trápit. Brzy přijdu domů. Vylezeme na Žižkaperk a zavoláme ji jako tenkrát, pamatuješ?"

Jak bych mepamatoval. Pouštěli jsme draka. Byl daleko, že už ho ani táta neviděl. Pak jsme ji volali, ale dlouho se neozývala, asi nám nevěřila. Nebo ji volalo tolik jiných lidí, že se nemohla rozhodnout, komu odpovědět.

Stáli jsme s mámou u dveří. Táta si nazouval těžké pracovní boty, v kamínkách praskalo dřevo. Nemohl jsem pochopit, kde to dřevo brali, kolem nebyl ani keř … tedy je pouštěli do lesa …

„Věříš jim?" řekla máma. „Opravdu jim důvěřuješ?"

„Všechno je zařízené …"

„A co ten mladý?"

„Stálo mě to sto cigaret. Vyspí se v jiném baráku."

„Matouš ale bude sám …"

„Bude mít takovou ochranu, o jaké se ti nezdálo."

„Alsdann, ich frage sie, was sagst du dazu?"

„Es wäre sinnlos. Sie würde dir nicht antworten. Sie geht nirgends hin, und hierher kommt sie schon gar nicht … Besser du quälst dich nicht damit ab. Ich kann bald heim. Wir besteigen den Žižkaberg und rufen sie wie damals, erinnerst du dich noch?"

Wie denn nicht. Wie ließen meinen Drachen steigen. Er flog weit weg, so daß ihn nicht einmal mehr der Vater sehen konnte. Dann riefen wir sie, aber sie gab nicht an, vielleicht glaubte sie nicht, daß wir es ernst meinten, oder es riefen sie so viele andere Leute, daß sie sich nicht entscheiden konnte, wem sie antworten sollte.

Mutter und ich standen an der Tür. Vater zog die schweren Arbeitsstiefel an, in dem kleinen Ofen knisterte das Holz. Mit war völlig unklar, woher sie das Holz hatten, ringsum stand weder Busch noch Baum … Wahrscheinlich durften sie in den Wald.

„Traust du ihnen?" fragte Mutter.
„Traust du ihnen wirklich?"
„Alles ist eingerichtet …"
„Und der junge Mann?"
„Hat mich hundert Zigaretten gekostet. Er wird in einer anderen Baracke schlafen."
„Matouš wird allein sein …"
„Er wird so beschützt sein, daß du es dir gar nicht besser vorstellen kannst."

Toner war von dieser Idee nicht begeistert gewesen, aber der Kommandant hatte nicht nachgegeben. Es ging doch nicht, einen halbwüchsigen im Lager zu haben. Platzte die Sache, konnte er sich gleich in einer der Baracken einquartieren, eher aber als im eigenen Lager wäre

Toner tím nápadem nebyl nadšen, ale velitel nepovolil. To přece nešlo, aby měl v táboře nezletilého kluka. Kdyby to prasklo, mohl by si v některém baráku sehnat místo pro sebe, ale spíš než v tomhle táboře by skončil v Jáchymově. Velitel nemohl riskovat. Věděl, že Toner není první ani poslední káranec, kterému prokáže tuto nevídanou službu. V táboře byli i takoví káranci, co donášeli. Zvláště v zimě to bylo děsné. Sčítání se dělalo skoro každou hodinu a byl k tomu velký důvod. Z baráku č. 8 utekli dva hlupáci. Natáhli přes sebe prostěradla a prolezli koridorem. Ostraha do té doby celkem mírná byla ihned znásobena. V zimní čas přibývalo udavačů, kteří se chtěli aspoň na okamžik ohřát v kanceláři velitele tábora. Byli mezi nimi i lidé, kteří měli důvěru ostatních káranců. Velitel tábora byl muž, který prošel východni frontou a se smrtí se potkával skoro každý dem. Odnesla to pouze jeho noha. Koleno bylo zchromlé, noha k ničemu. Mohl dostat trafiku nebo jiné teplé místo, ale dostal důvěru a tento tábor. To nebyla odměna, ale trest. Připadal si stejně postižený jako káranci, které musí krmit a ládovat jim do hlavy myšlenky socialismu. Cožpak ale ti mizerové stáli o takové přednášky?! Papouškovali jeho slova, ale uvnitř svých duší se přednáškám vysmívali. Nenáviděli přednášky, jeho, dráty, ostrahu, baráky … Ano, těm mizerům bylo docela jedno, zda socialismus zvítězí, či naopak.

Vraceli se s matkou to tábora, když odjel z malého nádraží poslední z vlaků k tunelu. Matka mu ještě neřekla, že bude muset prožít noc v bachařském domku, sám s cizími muži. Nevěřil by, že by ho otec nechal bez svého dohledu. V drážním domku se zhaslo, do lampy

er in Joachimstal gelandet. Der Kommandant hatte ein solches Risiko nicht eingehen wollen. Er wußte, daß Toner nicht der erste und einzige Züchtling war, dem er einen solchen unerhörten Dienst hätte leisten sollen. Im Lager gab es schließlich Züchtlinge, die sich als Zuträger betätigten. Besonders im Winter war die Zuträgerei schlimm. Fast jede Stunde war ein Zählappell fällig, und das aus gutem Grund. Aus Baracke acht hatten sich erst wieder zwei Dummköpfe davongestohlen. Sie hatten Leintücher über sich gezogen und waren durch den Korridor geschlüpft. Die Bewachung, vordem im ganzen mäßig, war daraufhin sofort vervielfacht worden. Während des Winters stieg die Zahl der Zuträger, weil sie sich wenigstens ein Weilchen im Büro des Kommandanten aufwärmen wollten. Unter ihnen gab es auch Leute, die das Vertrauen der übrigen Züchtlinge genossen. Der Lagerkommandant hatte an der Ostfront gekämpft und dem Tod fast jeden Tag ins Auge geschaut. Draufgezahlt hatte dabei nur sein Bein. Sein Knie war steif, das Bein taugte zu nichts mehr. Er hätte eine Trafik oder ein anderes warmes Plätzchen bekommen können, hatte dann aber das Vertrauen von oben und dieses Lager gekriegt. Was freilich keine Belohnung, sondern eine Strafe bedeutete. Er fühlte sich betroffen wie die Züchtlinge, die er füttern und deren Köpfe er mit den Gedanken des Sozialismus aufladen mußte. Doch machten sich die Mieslinge überhaupt etwas aus den Vorträgen?! Sie plapperten seine Worte nach, im Inneren jedoch lachten sie über die Vorträge. Sie haßten die Vorträge, haßten ihn, den Drahtzaun, die Bewacher, die Baracken ... Jawohl, diesen Kerlen war es völlig egal, ob der Sozialismus siegte oder nicht.

před tunelem se opřel ledový vítr a rozhoupal ji jako zvon, kterému chybí srdce. Řeka šuměla v okousaných březích, pod mostkem se valila kalná voda a uvízlé větve stromů se vršily v nánosech kolem pilířů.

Mutter und er kehrten ins Lager zurück, nachdem vom kleinen Bahnhof der letzte Zug in Richtung Tunell abgefahren war. Bis jetzt hatte Mutter ihm noch nicht gesagt, daß er die Nacht würde in dem kleinen Wachhaus verbringen müssen, allein unter fremden Männern. Er würde nie auf den Gedanken gekommen sein, daß ihn der Vater unbeaufsichtigt lassen könnte. Im Bahnhofshäuschen gingen die Lichter aus, die Lampe vor dem Tunell wurde vom eisigen Wind erfaßt und zum Schwingen gebracht wie eine Glocke ohne Klöppel. Der Fluß rauschte zwischen den angenagten Ufern, unter der Brücke wälzte sich das trübe Wasser dahin, und an den Pfeilern stauten sich angeschwemmte Äste.

Übersetzung Franz Peter Künzel

Gerd Holzheimer

Wo ein Wille ist, ist auch ein Weg
Kde je vůle je i cesta

Der Grenzort Töpen vor der Öffnung der Grenzen im Herbst 1989
Pohraniční obec Töpen před otevřením hranic na podzim 1989

Zwanzig Jahre lang war einem Töpener Töpen das Ende der Welt, aber das ändert sich, und das nicht nur in Töpen. Geschlossene Grenzübergänge werden geöffnet, auch der nach Juchhö. Und die Autobahn soll von Hof nach Plauen durchgehen. Auf Hundebesitzer muß geachtet werden und auf Traktoren, die sich aus alter Gewohnheit noch auf der ehedem stillgelegten Autobahn tummeln, die Hunde müssen woanders laufen und den Traktoren neue Wege durch die Felder gebaut werden. Was einer heute sieht, kann morgen zweihundert Jahre alt sein. Sogar die Grenze verschwindet über Nacht. Aber wie das Leben sich ändert, wenn es sich ändert, weiß man nicht, nicht nur in Töpen nicht.

Bis in das Jahr 1989 lag der Ort Töpen zwischen zwei Autobahnen, eine davon stillgelegt, einer Eisenbahnstrecke, wenig befahren, weil nach Sachsen führend, und der Grenze, gleich im Talgrund unten. Von 1953 bis 1966 war Töpen Grenzübergang, in Töpen hat sich eineinhalb Jahrzehnte alles gestaut, was hinüberwollte. Die Abfertigungsgebäude stehen noch, nicht leer, aber ohne Funktion. Gefüllt hat sie ein Händler, der mit allem gehandelt hat, womit sonst niemand handelt: abgefahrene Lastwagenreifen, Seitenfenster von Autobussen, ganze Autobusse, steinalte Busse, ausgemustert von einer Verkehrsgesellschaft im Westen Deutsch-

Po dvacet let byl Töpen na konci světa a jeho obyvatelé to začali považovat za normální. Ale najednou se vše změnilo a nejen v Töpenu. Uzavřené hraniční přechody byly otevřeny, dokonce i ten do Juchhö. I dálnice má být nyní protažena z Hofu až do Plavna. Zatím si ještě musíte dávat pozor na pejskaře a na traktory. Psi se svými páničky a traktoristé se svými stroji se procházejí nebo bezstarostně projíždějí po dálnici, která dlouho nesloužila svému účelu. Majitelé psů si teď budou muset najít jiné procházky k venčení a pro traktory budou muset být postaveny nové cesty stranou dálnice, v polích. Prostě — ta dnešní skutečnost může být už zítra dvě stě let stará. Dokonce hranice zmizela přes noc. Ale zda se změní i život tady, změní — li se vůbec, to neví nikdo ani v Töpenu ani kde jinde.

Až do roku 1989 svíraly Töpen dvě dálnice, ovšem jedna z nich byla uzavřena. Pak zde byla železnice, která se vyznačovala minimálním provozem, protože vedla do Saska a hranice byla hned vedle, v údolí. Od roku 1953 do roku 1966 byl v Töpenu také hraniční přechod, takže se v obci nahromadilo všechno, co nějak chtělo na druhou stranu hranice. Odbavovací budovy ještě stojí a dokonce ani nejsou prázdné. I celnice je ještě tady, ovšem ta přišla o své původní poslání. Nějaký obchodník, který obchoduje snad se vším, oč jiní nestojí, ji zaplnil až

lands, welcher hier weit ist; alles gestapelt, übereinandergehäuft, in der Mitte der Berges auch ein abgetakelter Bagger, vollgestopft das alte Rasthaus, perfektes Design der fünfziger Jahre am Eingang, billig, schäbig, Neon und Wellblech, vollgestopft das alte Zollgebäude mit Decken und Polstern. Vollgestopft „Herren" und „Damen", welches damals noch „Frauen" hieß. Vom Schlagbaum steht nur noch der Pfosten mit dem Schwenkmechanismus, aber der Schwenkmechanismus schwenkt nicht mehr, ist festgerostet, und man weiß nicht, ob der Pfosten in den Busch hineinwächst oder der Busch in den Pfosten. Industrielles Strandgut, angeschwemmt am Ufer der westlichen Welt, Rückwärtsgang in die Natur, eine archäologische Stätte, die, obgleich aus unserer Zeit, ferner wirkt, als wäre sie aus der Zeit Karls des Großen, römisch oder prähistorisch, fremder noch, sehr fremd, und kein Laut in der Luft.

„Töpen liegt heute am Rande der westlichen Welt", heißt es in der Broschüre „Grenzlanddekanat Hof, Porträt des evangelischen Dekanatsbezirks". „Töpen" kommt wahrscheinlich von „Tephani", slawisch, heißt so viel wie „Hauen", alter Rodungsname, wahrscheinlich. Die Grenze: ein Tier, dem die Gliedmaßen abgehauen worden sind, ein Tier, dem die Gliedmaßen nicht mehr nachwachsen wollen, die Grenze: keine Eidechse, der der Schwanz nachwächst.

Mit der Grenze wurde auch die Autobahn nach Plauen, die zwar nie fertiggebaut worden war, gesperrt, die alte Verbindung nach Sachsen. Extra aus Leipzig ist einer herübergekommen und hat gesagt, daß der Übergang gesperrt wird. Also wurde sie gesperrt, und es

pod střechu ojetými pneumatikami, okny z autobusů, dokonce celými autobusy, které nějaká firma vyřadila a odstrojila kdesi v západním Německu. Ach, jak je to odsud daleko. To všechno bez ladu a skladu, naházené na jednu hromadu, na jejím vrcholu trůní vyřazený bagr. Plná harampádí je i stará radnice, vynikající ukázka architektury padesátých let. Neon a vlnitý plech. Laciné a omšelé. V někdejších odbavovacích budovách jsou uloženy přikrývky a stará čalounění. Dokonce i místnůstky pro oddělenou potřebu pánů a dam jsou plné. Z hraniční závory zůstaly jen základy se sloupkem a zvedacím mechanismem, který dnes už nezvedá: je zarezlý. Člověk je na rozpacích, zda keře vrostly do slupku nebo sloupek do křoví. To všechno dohromady — to je jakási naplavenina na výspě západního světa, pohyb zpět k přírodě, archeologické naležiště, které — ač svědčí o naší době, působí cizeji, jako by šlo spíše o pozůstatky z časů Karla Velikého, působí to až prehistoricky, nebo snad ještě cizeji, velmi cize. A ticho. Žádný zvuk. Ticho.

„Töpen leží na okraji západního světa" — říká se v brožurce s titulem „Pohraniční děkanát Hof, portrét evangelického děkanátu". Samotný název obce Töpen má zřejmé původ ve slovanském slově tepání, něco jako sekání, což by mohlo svědčit o někdejším mýcení. A samozřejmě hranice. Hranice jako netvor, kterému nechtějí dorůst končetiny. Prostě hranice není ještěrka, které doroste useknutý ocas.

S příchodem hranice byla uzavřena nejprve dálnice, vedoucí do Plavna. Jistě, ta cesta, sledující starou spojnici do Saska nebyla nikdy dokončena. Pak přijel někdo až z Lipska a oznámil, jen tak,

In Dachau: V. l.: / V Dachově. Zleva: Gerd Holzheimer, Alexandr Kliment

blieb der Übergang Töpen-Juchhö, aber auch da nicht der alte, an der Mühle unten, über die Saale den steilen Anstieg zur Juchhö hinauf, einer Wirtschaft, die ihren Namen vom Freudenschrei der Fuhrleute haben soll, endlich oben angekommen zu sein. Die Fuhren zum Teil auf dem Rücken heraufgetragen, zum Teil auf Maultieren, von den Fuhrwerken schafften es nicht alle. Bis in die zwanziger Jahre hinein mußten auch Buspassagiere ihr Fahrzeug verlassen, zumindest im Winter, während es der Bus mit Schwung versuchte, Juchhö, und die Fahrgäste zu Fuß hinaufkamen, Juchhö. Aber auch dieser Übergang wurde geschlossen, ein Stück weiter nach Osten verlegt, die Mühle wurde abgebrochen, die kleine Brücke an der Mühle auch: war alles der Grenze im Weg.

že bude uzavřen hraniční přechod. Takže uzavřeli i dálnici i přechod. Zůstal jen místní přechod Töpen — Juchhö, ale ne ten starý při řece Sále, co se muselo do kopce až do Juchhö, kterážto obec odvozuje své jméno od jásavých výkřiků vozků, kteří zvládli prudké stoupání. Vždyť kolikrát museli formani složit zboží z vozů a vynášet je na zádech, v lepším případu na hřbetech mezků, protože ten kopec zvládlo jen málo naložených vozů. Ještě koncem dvacátých let museli lidé vystupovat z autobusu a vyšlapat ten kopec pěšky, zatím co se prázdný autobus pokoušel s patřičným rozjezdem o výšvih do srázu. Nejčastěji v zimě. Ale i tento přechod zavřeli a nový postavili kus dál na východ. Starý mlýn zbořili a vzali to i s mostkem. Všechno muselo ustoupit hranici.

Gibt nur noch die Aufzeichnungen, die der Müller aus dieser Mühle führte, über all die Dinge, die hier vorfielen, über jeden Baum zum Beispiel, der in der Gegend gepflanzt wurde; pflanzte selbst viel Bäume, etwa die drei Linden, die noch heute vor dem Pfarrhof in Töpen stehen: eine für den Prinzregenten, eine für den König, eine für den Kaiser.

Die drei Linden sind jetzt Treffpunkt der Jugendlichen. Sie treffen sich mit ihren Autos unter dem Prinzregenten, dem König und dem Kaiser, reißen Türen, Kofferraum und Motorhauben ihrer Autos auf und lassen die halbe Nacht ihre Anlagen brüllen, als staute sich noch immer die Republik in Töpen vor dem Grenzübergang. Die Dorfbewohner beschweren sich beim Pfarrer über die Jugendlichen, aber er hat auch keinen Einfluß auf die Jugendlichen. Sie wollen unter den drei Linden auch noch einen Funkklub aufmachen, den 23. Verein im Ort. Nach der Feuerwehr, sehr wichtig, Schachklub, Obst- und Gartenverein natürlich, Gesangverein, Sportverein, Karnevalsverein — auch dieser trainiert zweimal die Woche, ganzjährig. Ein intaktes Gemeindeleben, lobt der Pfarrer, seine Schäflein haben kaum noch einen Termin für kirchliche Belange frei. Aber jetzt noch Funkgeräte im Auto, das wird laut. König an Kaiser, bitte kommen.

Und das nach all den Jahren, in denen sich der ganze Grenzverkehr durch Töpen schob, sich staute in Töpen, Töpen in eine stinkende Abfertigungsanlage verwandelte. Dann wurde auch dieser Übergang geschlossen, Schlagbaum davor, weiß-rot, Hinweisschilder, Grenzpfähle, die Brücke nur noch als Stumpf, wild überwuchert. Davor der Bundesgrenzschutz, fährt vor im VW-

Ze všeho zůstaly jen zápisky mlynáře, který sledoval a zaznamenával všechno. Zaznamenal zasazení každého stromu v okolí. I sám mlynář tady sám zasadil hodně stromů. Třeba právě ty tři lípy, které dodnes stojí před farou v Töpenu. Jedna za následníka trůnu, jedna za krále a jedna za císaře.

U těch třech lip se dnes setkávají mladí. Přijíždějí pod vznešené koruny se svými auty, otevřou dveře, spustí okna, dokonce i haubny zvednou a pustí naplno rádia a kazeťáky, nechají je vyřvávat dlouho do noci, takže to vypadá, že se snad znovu staví celá republika do fronty před hraničním přechodem. Vesničané si na to stěžují faráři, ale ten s mladými také nic nepořídí. Ostatně — ti by si tady rádi založili něco jako radioamatérský klub, který by se tak stal třiadvacátým spolkem ve vesnici. Po hasičích je nejdůležitější šachový spolek, pak samozřejmě zahrádkáři, pěvecký spolek, místní sportovní klub, nesmí scházet karnevalový spolek — i ten cvičí dvakrát do týdne a to celý rok. „Prostě idyla," pochvaluje si farář, jehož farníci si už jen málokdy nacházejí čas pro návštěvu kostela. A teď ještě radioamatéři, vysílačky v autech. Bože, to bude randálu. „Tady král, volám císaře. Přepínám!"

A to po celá ta léta, kdy se Töpenem proplétal nekonečný had pohraničního provozu, který zacpal ulice, až Töpen proměnil v jedinou páchnoucí odbavovací halu. Nakonec zavřeli i ten poslední přechod. Červenobílá závora, cedule s varováním, hraniční sloupky, z mostu zůstal jen pahýl zarostlý křovím. Kolem toho všeho jezdí pohraničníci v mikrobusech, vždy čtyři muži. Dva vystoupí, jeden s dalekohledem, opře si lokty o závoru a zahledí se na druhou

Bus, vier Mann Besatzung, zwei steigen aus, einer mit dem Fernglas, stemmt die Ellenbogen auf den Schlagbaum und schaut hinüber. Auf der anderen Seite fährt ein Trabi vor, Grenzkübeltrabi, bei denen sind es fünf, die drinsitzen, aber auch nur einer mit einem Fernglas. Er schaut herüber, Fernglas schaut sich in Fernglas. Augen sind dabei nicht zu erkennen. Was sie da machen? Bewegungen beobachten, Veränderungen, zum Beispiel einen neuen Fahrzeugtyp, Protokoll darüber anfertigen. Ein ruhiger Job, oder? Zu ruhig, ein neuer Fahrzeugtyp ist selten, und wenn dann noch die Routine dazukommt, sieht man gar nichts mehr — selbst wenn etwas ist oder sein sollte, das ist das Gefährliche an der Aufgabe eines Grenzpolizisten. Was das ist, wenn etwas ist? Wenn einer rüberkommt zum Beispiel. Der muß praktisch in Gewahrsam genommen werden, von einem Gewahrsam in den anderen. Kommt aber selten vor. Einmal hat sich einer in Hirschberg vom Gerüst in die Saale fallen lassen, wie sie etwas an der Fabrik renoviert haben, hat sich rübertreiben lassen, dann war er da.

Was die in den Trabis machen mit ihren Ferngläsern? Das gleiche, ungefähr: Bewegungen beobachten, Veränderungen, zum Beispiel einen neuen Fahrzeugtyp, Protokoll darüber anfertigen. Eine Art politisch hochwertiger Arbeitsbeschaffungsmaßnahmestellen. Überhaupt viel Personal hier, dreifach wird die Grenze bewacht: allein vom Westen her: Bundesgrenzschutz, Grenzpolizei und der Zoll. Vom Zoll weiß man eigentlich gar nicht, was der hier macht. Und dann noch die Amerikaner, also vierfache Bewachung.

stranu. Z „druhé strany" se přihrne trabantík, bojová verze, používaná na hranici. Trabant veze hned pět mužů, ti ovšem zůstanou uvnitř, ale jeden z nich má také dalekohled, i on se dívá a pohled se protne s tím z druhé strany. Hledí si do očí prodloužených čočkami. Cože dělají? Pozorují dění. Sledují změny. Například — ti „z druhé strany" přijedou v novém voze, tak ti naši sepíší protokol. Klidný džob, ne? Snad až příliš klidný. Nové vozy se objevují u těch „z druhé strany" zřídka a když si domyslíme rutinu, tak už to snad ani nestojí za to koukání se. Avšak najednou se něco stane. A to je právě to nebezpečné na práci pohraničníka. Co se může stát, když už se něco stane? Například někdo přeběhne, v tom případu se ho musejí policisté ujmout, takže dotyčný vlastně přeběhne z jedné péče do druhé. To se ale stává zřídka. Kdysi třeba opravovali fasádu továrny v Hirschbergu. Jeden dělník skočil z lešení do Sály a přeplaval. Najednou byl tady.

A cože asi dělají ti muži v trabantu? To samé. Pozorují cvrkot, změny. Když třeba ti z „druhé strany" přijedou s novým vozem, tak sepíšou protokol. Jde tedy o politicky významnou a společensky užitečnou činnost, která přispívá k uchování pracovních příležitostí. Hranice zaměstnává opravdu hodně lidí. Tak třeba ta spolková je střežena hned natřikrát: pohraničníci, pohraniční policie a celníci. Pokud jde o celníky: co ti tu asi vůbec dělají? No a pak jsou tady ještě Američané. Takže je hranice střežena hned čtyřikrát.

Tam, na druhé straně leží Venzka. Díky hraničním průsekům je dobře vidět. „Ó, Lilienbáde, jseš jedinečný na světě a kdybys existoval ještě jednou, pak by ses

Drüben liegt Venzka, auf der anderen Seite, gut zu sehen, oberhalb der Grenzrodungen. „O Lilienbad, du bist nur einmal auf der Welt, und wenn du noch einmal vorhanden bist, so heißt du Venzka", schwärmt Jean Paul von Venzka, aber nach Venzka führt kein Weg mehr, seit es die Grenze gibt, allenfalls noch ein Wille für den, der hinüberwill, nach dem Lilienbad zu schauen, wie es aussehen mag. Der alte Spazierweg Jean Pauls von Töpen nach Venzka, später der Weg der Arbeiter nach Hirschberg in die Lederfabrik, täglicher Arbeitsweg von einer Stunde. An den Wegrändern aufgeworfene Erdhaufen und tiefe Trichter, aber keine Bombentrichter, sondern eingefallene Erzgruben. Humboldt war hier, Bergassessor, 1791, „als wir preußisch wurden", sagt der Lehrer von Töpen. Humboldt gründete eine Bergbauschule, konnte aber auch nicht mehr viel beleben, weil nichts mehr da war; damals schon nicht.

In der Luft ein süßlicher Duft, von dem man nicht weiß, ob er von der Lederfabrik in Hirschberg kommt, volkseigener Betrieb oder vom schmalblättrigen Weidenröschen, natureigen; eine krautige Pflanze mit schmalen, weidenähnlichen Blättern und rosafarbenen Blüten, meist auf Waldlichtungen, massenhaft. Aber wer weiß schon, ob die überhaupt duften? Hier unterrichtet keiner mehr wie der Hofmeister Johann Paul Friedrich Richter, von sich selbst „Jean Paul" geheißen. Die Lederfabrik nennt man in der Gegend den „weißen Schornstein", der, obgleich im Tale liegend, eine dicke weiße Wolke über die Höhen schickt, auch über den Rand der westlichen Welt, denn die Wolke weiß Weg und hat Willen.

jmenoval Venzka" — horuje Jean Paul von Venzka. Ale od té doby, co tu je hranice, nevede do Venzky žádná cesta. Byla by možností možnosti pro toho, kdo by se vypravil na druhou stranu, aby poznal, jak vlastně vypadá onen Lilienbad. Jean Paul chodil skoro každý den na procházky z Töpenu do Venzky. Později chodili stejnou cestou dělníci za prací do koželužny v Hirschbergu. Hodinu jim zabrala ta cesta. Cesta je lemovaná hromadami hlíny a hlubokými krátery, které ale nejsou pozůstatkem bombardování. Jde vlastně o miniaturní rudné doly. V roce 1771 tady byl Humboldt, tehdy jako báňský asesor. Založil tady báňskou školu, ale šlo to jaksi do prázdna. Už tehdy byla země vyrabovaná. Už tehdy.

Ve vzduchu visí nasládlý zápach, o kterém se neví, zda ho vydechuje koželužna v Hirschbergu, která je, jak známo — vlastnictvím všeho lidu a nebo plané růže, které jsou, jak známo, ve vlastnictví přírody, drsná rostlina s úzkými listy a růžovými květy. Je jich tu hodně, převážně na mýtinách. Jak říkám, hodně jich tu je. Ale kdo ví, zda ty květy voní právě takto. Tady už nejsou učitelé, jakým byl Johannes Paul Friedrich Richter, který si sám říkal Jean Paul. Koželužně se tady v okolí říká bílý komín. To proto, že nad údolí, ve kterém je skryta továrna, vyčnívá jen onen bílý komín a vysílá nad vršky hustý bílý oblak, bez ohledu na hranice, také nad onu výspu západního světa. Snad proto, že oblak zná cestu a má vůli.

„Kde je vůle, je i cesta" — ten slogan nechali vytesat do skály lidé z úřadu, který tady upravoval pole a rovnal cesty. Tu skálu sem ale dovezli a postavili doprostřed upravené plochy, jako by ten

„Wo ein Wille ist, ist auch ein Weg", so hat es die Flurbereinigung in einen Fels meißeln lassen, den sie in der bereinigten Flur hat aufstellen lassen, als hätte sogar die Flurbereinigung einen Hang zur Selbstironie, die Flurbereinigung Töpen. Riesenfest zur Einweihung, alle da: Regierungspräsident, Landwirtschaftsminister, und in der Tat: kein Hohlweg mehr, kein Ackerrain, die Felder fast so riesenhaft und raumgreifend wie drüben, über der Saale, jenseits der Saale; landwirtschaftliche Produktionsgemeinschaften. Inzwischen geht man dazu über, wieder Feldraine zu pflanzen, die Flurbereinigung steht helfend und ratend zur Seite; auch eine Art höherer und sich selbst auf ewig fortsetzender Arbeitsbeschaffungsmaßnahme. Oft werden die Raine auch wieder abgebrannt. Sind im Weg, und wo ein Wille ist, da ist auch ein Weg.

Nur in seltenen, ganz seltenen Fällen, gebricht es an beiden, an Willen wie Weg, geht gar nichts mehr, fährt auch nichts mehr, zum Beispiel, wenn der Übergang geschlossen wird und eine Autobahn sinnlos —

Eine Autobahn, die keine mehr ist, ist eine seltsame Straße: keiner benutzt sie, keiner braucht sie. Sie verbindet nicht die Orte der Umgebung, sie liegt ihnen quer. Rüttelbelag, alte Betonplattenautobahn, mit Ablaufrinnen, in denen von der linken wie der rechten Seite der Wegerich hereinwächst zur Fahrbahnmitte. Wenn Filme gedreht werden sollten, die vor dem Krieg handeln oder drüben, auf der anderen Seite der Grenze, und man brauchte eine Autobahn, kam man hierher: hier ist die Autobahn. Auch für postindustrielle Sujets geeignet. Neben der Strecke nichts als Kühe,

úřad měl sklony k sebeironii. Byla to tehdy velká sláva. Všichni přišli. Vrchnost z okresu, ministr hospodářství. A skutečně: už žádné úvozové cesty, žádné remízky, meze — jen lány, skoro tak velké, jako na druhé straně hranice, za řekou Sálou, kde jsou kolchozy. Mezitím ale přišly remízky a meze znovu do módy, zase je vysazují a zase je ten samý úřad nápomocen, radí co, kde a jak. I tady jde zřejmě o jakýsi vyšší princip věčného a sebezáchovného opatřování si práce. Často ty remízky zase vypalují, to když zavazejí v cestě. Prosté — kde je vůle, je i cesta.

Jen zřídkakdy se nedostává obého — vůle i cesty. Nic nejde více, nebo nic nejede více. Stává se to, když zavřou hranice a dálnice ztratí smysl.

Dálnice, která ztratila smysl, to je vám prazvláštní cesta: nikdo ji nepoužívá, nikdo ji nepotřebuje. Nespojuje místa, je pro lidi zbytečná a snad i překáží. Až doprostřed vozovky plné děr se vežrala tráva. Když filmaři potřebují exteriéry do válečných filmů nebo do filmů, jejichž děj se odehrává „na druhé straně" a potřebují k tomu také dálnici, pak jsou právě tady na správné adrese. Hodí se i pro příběhy z postindustriální doby. Kolem téhle dálnice jsou jen krávy, maliny a ostružiny. A také úly, které jejich majitelé položili jen tak na krajnici. Nikomu nepřekážejí. To nejnebezpečnější, co se po vozovce pohybuje, je snad ještěrka, která — sama ničím neohrožovaná, vychutnává teplo nahromaděné v betonových deskách. Občas se objeví auto US Army, které projede kolem tabule s nápisem

US FORCES PERSONNEL
HALT
German Democratic Republic

Himbeeren und Bienenkästen, die einfach am Straßenrand abgestellt sind, weil über die Straße nur eine Eidechse kommt, die ungefährdet die Wärme genießt. Und ein amerikanisches Militärfahrzeug, das an einem Schild vorbeiknattert mit der Aufschrift:

US FORCES PERSONNEL
HALT
German Democratic Republic

— in Klammern für alle Fälle und diejenigen, die in Erdkunde nicht aufgepaßt haben oder bei „Europa" krank gewesen sind:

(East Germany)
Do not proceed without Authority

Bläulinge umflattern das Schild, aus dem amerikanischen Militärfahrzeug schauen Schuhsohlen mit starkem Profil aus dem Fenster, auf der Rückbank schläft ein schwarzer Soldat; die Geschichte macht ihn müde.

Zwanzig Jahre lang war einem Töpener Töpen das Ende der Welt, aber das änderte sich, und das nicht nur in Töpen. Geschlossene Grenzübergänge werden geöffnet, auch der nach Juchhö. Eine Autobahn wird es geben, durchgehend von Hof nach Plauen, auf Hundebesitzer muß nicht mehr geachtet werden und auch auf Traktoren nicht, denn es laufen keine Hunde auf der Autobahn, und den Traktoren müssen neue Wege durch die Felder gebaut werden, gewiß findet sich auch hier wieder ein Wille.

a v závorce, pro každý případ a pro ty, kteří nedávali pozor při hodinách zeměpisu, když se brala Evropa, ještě dodatek

(East Germany)
Do not proceed without Authority

Modrásci obletují ceduli, z oken amerického auta čouhají podrážky vojenských bot, na zadním sedadle spí černý voják; snad ho unavily dějiny.

Po celých dvacet let si v Töpenu mysleli, že jejich obec leží na konci světa. Ale to se změnilo a nejenom v Töpenu. Kdysi zavřené přechody jsou otevřeny, dokonce i ten do Juchhö. Dálnici hodlají protáhnout z Hofu až do Plavna. Už si nebudete muset dávat pozor na pejskaře a dokonce ani ne na traktory, pro které budou muset být postaveny nové cesty. Jistě se i tady najde potřebná vůle.

Přeložíl Petr Němec

Zdeněk Zapletal

Kobas Garage
Kobova garáž

Eva Kozinová hatte zwei Tage nach dem Vorfall mit Simonas Mutter gesprochen. Diese hatte gesagt, Simona sei von irgendeinem Kerl überfallen und zusammengeschlagen worden, man habe ihr die Lippe nähen müssen, und ihr Hals sei noch nicht in Ordnung. Ihrer Mitteilung hatte P. K. damals keine sonderliche Bedeutung beigemessen. Er war mitten in den Vorbereitungen für Dobříš gewesen, wo er mit seinem Freund Petr an einem Drehbuch arbeiten wollte. Während des Packens hatte er Edita englische Verben abgefragt und dem Sohn Jakub zuzuhören versucht, der ihn fragte, ob er wisse, daß die Juden keine Selbstlaute hätten und ohne diese schrieben. „Kn Slbsttl? Shr gt!", antwortete P. K. Die Tochter fragte er: „Warten?" Und Edita übersetzte das Wort flink: „Ueit", sprach sie es aus. „Und weißt du, daß das Stadtschloß insgesamt dreihundertfünfundsechzig Fenster hat?", fragte Jakub. P. K. wußte es nicht. Was konnte er schon wissen?

An Simona dachte er erst tags darauf wieder, auf der Autobahn, als er Fahrzeuge überholte, die zuvor ihn überholt hatten. Ihm kam der Gedanke, daß die Menschen sich selber immerfort die Wichtigkeit und den Sinn ihrer unerheblichen Existenz beweisen müßten, daß sie ihre unscheinbare Individualität immerfort testen und sich auf Kosten anderer bestätigen müßten. Er stellte Überlegungen über ungenügende Freiräume für die Selbstverwirklichung an, über Unfreiheit schlechthin und über die

Eva Kozinová mluvila se Simoninou matkou dva dny po tom, co se to stalo. Irena jí řekla, že Simonu přepadl a zmlátil nějaký kluk, že jí šili ret a že má něco s krkem. P. K. tehdy té zprávě nevěnoval žádnou mimořádnou pozornost. Chystal se na Dobříš, kde měli s kamarádem Petrem pracovat na scénáři. Balil si věci a přitom zkoušel Editu z anglických slovíček a snažil se vyslechnout syna Jakuba, který se ho ptal, jestli ví, že Židi nemají samohlásky, že píší bez nich. „Bz nch. N fjn", řekl mu P. K. „Čekat," řekl dceři a Edita slovo hbitě přeložila. „Uejt," řekla. „A víš, že městecký zámek má dohromady tři sta šedesát pět oken?" zeptal se Jakub. P. K. to nevěděl. Co mohl vědět.

Na Simonu si vzpomněl až druhý den, na dálnici, když předjížděl auta, která ho předtím předjela. Říkal si, že lidé pořád potřebují sami sobě dokazovat důležitost a smysl své zanedbatelné existence, že si neustále musí ověřovat a potvrzovat svou nepatrnou individualitu na úkor někoho jiného. Přemýšlel o nedostatečném prostoru pro seberealizaci, o nesvobodě, o potlačení potřeb. Chystal se osočit všechny ty frustrované egomany ve škodovkách z agresivity, a uvědomil si, že se chová stejně jako oni. Když ho předjížděla auta, která předtím předjel, naplánoval si, že až Simona bude v pořádku, zeptá se jí na všechny podrobnosti. Její případ ho začal zajímat jako námět, jako literární materiál. Směr jeho myšlenek změnila teprve Dylanova písnička You Are Big Girl Now.

Unterdrückung von Bedürfnissen. Er hatte diesen frustrierenden Egomanen in den Škodas schon Aggressivität vorwerfen wollen, nun aber war ihm klar, daß er sich ebenso verhielt wie sie. Als ihn wieder ein Auto überholte, das er zuvor überholt hatte, nahm er sich vor, Simona nach allen Einzelheiten des Überfalls zu fragen, sobald sie wieder ganz hergestellt war. Ihr Fall begann ihn als Sujet zu interessieren, als literarischer Stoff. Seine Gedanken wurden erst durch Dylans Song „You Are Big Girl Now" in eine andere Richtung gelenkt. Immer wenn er diesen Schlager hörte, mußte er an seine Frau denken, in letzter Zeit auch an seine Tochter. Was konnte er schon wissen?

P. K. war zum zweitenmal im Schriftstellerschloß von Dobříš.

Nach Neunzehn Uhr leerte sich der Speiseraum. Die Schloßgäste zogen sich zu den Fernsehern zurück. P. K. und Petr genehmigten sich noch zwei Schnäpse und gingen aufs Zimmer. Petr suchte im Radio den Sender Freies Europa. Ein weltbekannter Dramatiker, den in der Tschechoslowakei damals nur eine kleine Zahl Eingeweihter kannte, teilte seinen Hörern mit, daß er von einer Studentengruppe, die sich mit der Arbeit der Charta 77 identifizierte, einen anonymen Brief erhalten habe. Darin hätten ihn die Studenten wissen lassen, zum Beweis ihrer Unterstützung werde sich einer aus der Gruppe am 15. Januar auf dem Wenzelsplatz verbrennen. Der Dramatiker forderte die anonymen Briefschreiber auf, von der geplanten Tat Abstand zu nehmen. Zwanzig Jahre zuvor, am 15. Januar 1969, hatte sich auf dem Wenzelsplatz der Student Jan Palach aus Protest gegen die sowjetische

Vždycky, když ji slyšel, musel myslet na svou ženu a v poslední době taky na dceru. Co mohl vědět.

P. K. byl v dobříšském zámku spisovatelů prodruhé.

Po sedmé hodině se jídelna vyprázdnila. Osazenstvo zámku se přemístilo k televizorům. P. K. s Petrem si dali ještě jednoho panáka a odešli na pokoj. Petr naladil rádio na vysílání Svobodné Evropy. Světoznámý dramatik, kterého tenkrát v Československu znalo jen nepatrné množství zasvěcených lidí, oznamoval posluchačům, že obdržel anonymní dopis od skupiny studentů ztotožňujících se s činností Charty 77. Studenti mu sdělovali, že na důkaz podpory se někdo z pisatelů chce 15. ledna na Václavském náměstí upálit. Dramatik vyzval ananymní pisatele, aby od zamýšleného činu ustoupili. Před dvaceti lety, 15. ledna 69, se na Václavském náměstí upálil student Jan Palach na protest proti sovětské okupaci Československa. K tomuto výročí chystala Charta 77 a nezávislé občanské iniciativy pietní akt. ONV Praha 1 tuto akci zakázal. Dramatik prohlásil, že respektovat toto rozhodnutí by znamenalo dát souhlas bezpráví. Řekl, že pietní akt proběhne docela určitě. Bylo 9. ledna. Petra a P. K. ty zprávy rozrušily. Snažili se je pochopit, dešifrovat. Nejlepší roky svého produktivního života prožili v kleštích strachu, podezírání a nedůvěry. Totalitní komunistický režim zblbnul jejich generaci zlem a lží. Naučili se ve všem hledat další významy. Naučili je nevěřit ničemu.

Pietní akt k uctění památky Jana Palacha se konal v den výročí. Demonstrace pokračovaly i v dalších dnech. Komuni-

Zdeněk Zapletal in München / v Mnichově

Okkupation der Tschechoslowakei verbrannt. Anläßlich des Jahrestages bereiteten die Charta 77 und unabhängige Bürgerinitiativen eine Gedenkveranstaltung vor. ONV, der Stadtverwaltungsausschuß von Prag 1, hatte die Aktion verboten. Der Dramatiker erklärte nun, eine Respektierung dieses Verbots käme einer Zustimmung zur Rechtlosigkeit gleich. Er kündigte an, daß die Gedenkveranstaltung auf jeden Fall stattfinden werde. Heute war der 9. Januar. Diese Nachrichten erregten Petr und P. K. Sie versuchten sie in ihrer ganzen Tragweite zu begreifen, zu dechiffrieren. Beide hatten die produktiven, die besten Jahre ihres Lebens in der Umklammerung von Angst, Verdächtigungen und Mißtrauen verbracht. Das totalitäre kommunistische Regime hatte ihre Generation mittels des Bösen

stičtí vůdcové národa vyslali do ulic pohotovostní oddíly SNB, speciálně vycvičené pro takové akce. Mocní je připravili na ochranu své moci. Tito čeští mladíci v přilbách, se štíty, dokázali na rozkaz zpracovávat pendreky a kopanci jiné Čechy, kteří stáli proti nim s holýma rukama. Dokázali používat slzný plyn. Obratně ovládali vodní děla. Zlem, které je od malička obklopovalo, nakazili nevinné služební psy. Zvířata se postavila proti lidem. Lidé plakali.

Domácí sdělovací prostředky označovaly násilné zákroky policie proti pokojným demonstrantům cudně jako nepokoje nebo protispolečenská vystoupení. Hodně lidí bylo zatčeno. Světoznámý dramatik a mnozí další členové nezávislých struktur byli obviněni z podněcování, pobuřování, ztěžo-

155

und der Lüge verblödet. Sie hatten gelernt, hinter allem versteckte Bedeutungen zu suchen. Denn man hatte sie gelehrt, nichts mehr zu glauben.

Die Gedenkveranstaltung für Jan Palach fand am zwanzigsten Jahrestag tatsächlich statt. Zu Demonstrationen kam es auch an den Tagen danach noch. Die kommunistischen Führer der Nation schickten Kommandos der Polizei SNB, die speziell für solche Einsätze geschult waren. Sie dienten den Mächtigen zum Schutz ihrer Macht. Tschechische Jünglinge in Schutzhelmen und mit Schilden brachten es tatsächlich fertig, Landsleute, die ihnen wehrlos gegenüberstanden, mit Schlagstöcken und Tritten zu bearbeiten. Sie brachten es fertig, Tränengas einzusetzen. Die Wasserwerfer bedienten sie gekonnt. Ihre Diensthunde hatten sie mit dem Bösen infiziert, von dem sie seit ihrer Kindheit umgeben waren. Da standen Tiere gegen Menschen. Die Menschen weinten.

Die heimischen Medien bezeichneten das gewaltsame Einschreiten der Polizei gegen friedliche Demonstranten zurückhaltend als Unruhen und antigesellschaftliche Auftritte. Der weltbekannte Dramatiker und viele Mitglieder der unabhängigen Strukturen wurden der Anstiftung, Aufhetzung, Erschwerung der Amtsausübung von Ordnungskräften sowie weiterer ähnlicher Extravaganzen angeklagt, von denen es im seinerzeitigen absolutistischen Strafgesetzbuch nur so wimmelte. Ihnen standen Prozesse bevor. Was konnten sie schon wissen?

Petr und P. K. unterbrachen ihre Arbeit am Drehbuch, sie reisten zwei Tage früher ab. Eva sagte zu P. K., wohnte sie in

vání výkonu pravomoci veřejného činetele a z dalších podobných extravagancí, kterými tehdejší absolutistický trestní zákoník hýřil. Čekal je soud. Co mohli vědět.

Petr s P. K. přerušili práci na scénáři a odjeli domů o dva dny dřív, Eva řekla P. K., že kdyby bydlela v Praze, šla by na Václavské náměstí taky. P. K. se zdál o Praze sen. Utíkali se synem po Jindřišské ulici. Spolu s ostatními lidmi se schovali ve sklepě starého domu. Policie je obklíčila. P. K. měl strach. V těch dnech míval někdy nepříjemný pocit. Cítil se vinen svou nevinou. Mlínský výtvarník Hutera, který k nim přijel na návštěvu se Simoninou matkou a přivezl jim nová čísla nezávislých, ilegálně vydávaných Lidových novin, Revolver revue a Spusa, byl optimistický. Předvídal blízký konec komunistického režimu. Co mohl vědět.

Milan z elektroopravny na městeckém náměstí nervózně přecházel po dílně, upíjel ležák a sprostě nadával. Byl rozhodnutý odjet do Prahy. Byl připravený k boji. P. K. se ovšem setkal i s lidmi, kteří měli na pražské lednové události jiný názor.

Prag, wäre sie auch auf den Wenzelsplatz gegangen. P. K. hatte eine Traum von Prag. Er rannte mit dem Sohn durch die Heinrichsgasse, versteckte sich mit ihm und anderen Leuten im Keller eines alten Hauses. Die Polizei umstellte sie. In diesen Tagen war P. K. von Angst erfüllt. Ein unangenehmes Gefühl beschlich ihn. Er fühlte sich schuldig durch seine Unschuld. Der Mlíner bildende Künstler Hutera, der mit Simonas Mutter zu Besuch gekommen war, hatte ihnen die neuesten Ausgaben der unabhängigen, illegal herausgegebenen Lidové noviny, Revolver revue und Spusa mitgebracht. Er war optimistisch, sah das Ende des kommunistischen Regimes voraus. Was konnte er schon wissen?

Milan, Elektromonteur im Reparaturbetrieb auf dem Stadtplatz, ging nervös in der Werkstatt auf und ab, trank Lagerbier und schimpfte höchst ordinär. Er war entschlossen, nach Prag zu fahren. Er war kampfbereit. P. K. begegnete freilich auch Leuten, die eine andere Ansicht über die Prager Januarereignisse vertraten.

Übersetzung: Franz Peter Künzel

Peter Becher

Tagträume im August
Srpnové snění s očima dokořán

Es war ein Vormittag wie viele andere, der Obstgeruch zog einen glitzernden Faden durch die Luft, und der Weg des Laurenzibergs, auf dem ich abwärts ging, veränderte so unmerklich seine Neigung, daß ich minutenlang nicht den geringsten Schwindel empfand. Erst allmählich verstärkte sich das Sausen, die Wiesen begannen zu flimmern, und die Sonnenflecken bildeten ein zitterndes Gesicht, über dem große weiße Flecken schimmerten. Das Sausen verschärfte sich zu einer Stimme, die hart und ungeduldig nach dem Kellner rief. Deutlich sah ich ein Fenster des Café Slavia, auf dem Plakate von Masaryk und Beneš klebten, darunter das Gesicht eines Schriftstellers, dessen Schnurrbarthaare sich wie Stacheln aufstellten. Filip, rief eine zweite Stimme, das ist doch unser Wellensittich! Der Schriftsteller lachte. Ein Wellensittich? Ich hatte mich auf eine Bank gesetzt. Direkt vor mir war ein Apfel ins Gras gefallen, und ein Rauschen lag in der Luft, als ob die Moldau mitten durch die Blätter strömte.

Jetzt, da der herbstliche Funke wie ein bengalisches Feuer von Stadt zu Stadt gesprungen ist, da sich der Herbst in den Winter verwandelt hat, und der Winter bereits stürmische Frühlingstage inszeniert, ist der Prager Sommer so fern, als ob nicht sechs hektische Monate, sondern ebensoviele Jahre vergangen wären. Rückblickend mag man alle möglichen Anzeichen des herbstlichen Feuers erblicken: die selbst von alten

Bylo to dopoledne jako mnoho jiných, vůně ovoce spřádala ve vzduchu lesklé vlákno, a cesta z Petřína, po níž jsem scházel, začala měnit svůj sklon tak nepozorovatelně, že jsem ještě drahnou chvíli necítil nejmenší závrať. Zvolna sílil hukot, louky se zatřpytily a sluneční skvrny utvořily chvějivou tvář, přes niž pableskovaly velké bílé skvrny. Hukot se vyostřil do hlasu, který si tvrdě a netrpělivě žádal vrchního. Zřetelně jsem spatřil okno v kavárně Slavia s plakáty Masaryka a Beneše a mezi tím vším tvář spisovatele, jehož kníry trčely jak ostny. Filipe, volal druhý hlas, to je přece naše andulka! Spisovatel se pousmál. Andulka? Posadil jsem se na lavičku. Těsně přede mnou spadlo jablko do trávy a ve vzduchu to hučelo, jako by Vltava proudila listovím.

Nyní, když jiskra podzimu jako bengálský oheň přeskočila z města na město, když se podzim proměnil v zimu a ta už předvádí bouřlivé jarní výjevy, je Pražské jaro vzdálené tak, jako by neuplynulo šest hektických měsíců, ale šest let. Zpětně si můžeme připomínat všemožné signály podzimního ohně: přemíra berušek, kterou ani staří nepamatují, kupříkladu, nebo převaha italštiny — hlasů i větných melodií, ovíjejících jako girlandy sochy Karlova mostu. Pivo šplíchalo ze sklípků, takové parno bylo v ty srpnové dny, ze zahrady Valdštejnského paláce jasně zaznívaly údery skupiny šermířů, tramvaje jezdily tak rychle, až do kolejí padaly dlažební kostky, a hlasy Pražanů plnil neklid, nezadržitelně se

Vor der Walhalla. V. l.: / Před Walhallou. Zleva:
Jan Trefulka, Franz Peter Künzel, Peter Becher, Josef Hrubý, Gerd Holzheimer

Leuten nicht erinnerte Vielzahl der Marienkäfer, zum Beispiel, oder die Vorherrschaft italienischer Stimmen und Satzmelodien, die sich wie akustische Girlanden um die Figuren der Karlsbrücke wickelten. Das Bier schwappte aus allen Kellern, so heiß waren die Augusttage, aus dem Garten des Waldsteinpalais klangen die hellen Schläge einer Fechtergruppe, die Straßenbahnen fuhren so schnell, daß sich zwischen den Schienen die Pflastersteine warfen, und die Stimmen der Einheimischen waren von einer Unruhe erfüllt, die sich bis zum Vortag des 21. August unaufhörlich steigerte, ohne die Oberfläche der Gespräche auch nur im geringsten zu bewegen.

Am späten Vormittag dieses Vortages gingen auf dem Laurenziberg zwei junge

stupňující do předvečera 21. srpna, aniž by ovšem hladinu hovoru aspoň trochu rozčeřil.

Pozdního dopoledne tohoto předvečera mě na Petříně minuli dva mladí muži, jejichž rozhovor se mne zvláštním způsobem dotkl. Vyloučeno, andulka puštěná na svobodu nepřežije, řekl jeden, pořád hledá klec. Na „vyloučeno" položil takový důraz, že jako tercie utkvělo ve vzduchu.

Na chvíli jsem zaváhal, ale rozhodnutí už padlo: Sledoval jsem je oba dolů z kopce, do tramvaje, metra a pořád dál, dokud jsme se neoctli před vchodem do rozlehlého areálu, kde vládl po stromech se pěnící břečtan, kde omšelé náhrobky spočívaly jako pohřbené skříňky s poklady a hřbitovní hlídač vydával černé

Männer an mir vorbei, deren Unterhaltung mich eigenartig berührte. Unmöglich, ein freigelassener Wellensittich kann nicht überleben, sagte der eine, er sucht immer wieder seinen Käfig auf. Dabei betonte er das Wort „unmöglich" so nachdrücklich, daß es wie eine Terz in der Luft stehenblieb.

Einen Augenblick zögerte ich, doch die Entscheidung war schon gefallen: Ich folgte den beiden den Berg hinunter, in eine Straßenbahn, in die Metro hinein und immer weiter, bis wir vor dem Eingang eines weitflächigen Areals standen, in dem der Efeu ein baumhoch schäumendes Regiment führte, in dem verwitterte Grabsteine wie versunkene Schatzkisten lagen und ein Friedhofswärter schwarze Kappen und mehrsprachige Auskünfte verteilte: „Immer geradeaus, Sie können das Grab gar nicht verfehlen!" Das Grab, das niemand verfehlen konnte, lag am Ende eines schattigen Weges, der unter den Kronen von Kastanien und Ahornbäumen hinführte, an durchgesessenen Bänken vorbei, an Gräbern mit deutschen, tschechischen und hebräischen Aufschriften. Salomon Schwarzkopf, las ich auf einem Stein, k.u.k. Oberstabsarzt, der von 1819 bis 1898 lebte, Moritz Austerlitz, Ehrenvorsteher des Vereins für geregelten Gottesdienst der Israeliten in Prag, der am 31. August 1918 im 86. Lebensjahr starb, oder Gretchen Benies, die nur fünf Jahre alt wurde, ihr Grabstein ein Halbrelief, das den Blick von einer Terrasse auf einen geknickten Baum und einen herabgefallenen Korb voll Rosen zeigt. Immer weiter folgte ich den beiden jungen Männern, an Farnen und glitzernden Lichtgespinsten vorbei, in denen riesige Kreuzspinnen saßen, an herbstlich braunen Blättern, die zwi-

čepičky a cizojazyčné pokyny: „Pořád rovně, ten hrob nemůžete minout!" Hrob, který nešlo minout, ležel na konci stinné cesty, vinoucí se pod korunami kaštanů a javorů kolem ošoupaných laviček a hrobů s německými, českými a hebrejskými nápisy. Salomon Schwarzkopf, četl jsem na jednom z kamenů, c. a k. vrchní štábní lékař, 1819-1898, Moritz Austerlitz, čestný předseda Spolku reformované bohoslužby izraelitů v Praze, zesnul 31. srpna 1918 v požehnaném věku 86 let, nebo pětiletá Grétka Beniesová, jejíž náhrobek v poloreliéfu zpodobuje pohled z terasy na zlomený strom a převržený košík růží. Dál a dál jsem sledoval dvojici, kapradím a stříbřitými pavučinami světla, v nichž trůnili obří křižáci, podzimně hnědým listím šelestícím ve větvích nebo se vznášejícím ve vzduchu, jako by je přidrožovala neviditelná ruka.

Konečně jsem objevil Kafkův hrob, jasné znamení na pozadí tmavé stěny listoví, křemičitého písku, kapradí, květů, pomalovaných kamínků, nízké borovice a světlého okamžiku, a přesně naproti na hřbitovní zdi tabulku s nápisem: Památce dr. Maxe Broda, pražského rodáka, spisovatele a myslitele … Přítomnost se tak vzdálila, že jsem tam skutečně spatřil schýleného Broda s hlavou opřenou o zeď, jako by se pokoušel naslouchat. Pak se jeho obrysy ustálily do stínu kmene, který se v poledním slunci znenádání prodloužil v paži, vybírající ze šustícího pytlíku jablka a chlebíčky.

Hodina uplynula a já byl těm mužům stále ještě v patách. Když scházeli z mostu Prvního máje na Střelecký ostrov, bodalo slunce tak, že zářivé zrcadlo Vltavy až oslepovalo. V tom mihotání nebylo vidět jediný parník, jedinou loď-

schen den Ästen raschelten oder wie von einer unsichtbaren Hand gehalten in der Luft schwebten.

Endlich entdeckte ich Kafkas Grab, ein helles Mal vor einer dunklen Blätterwand, umgeben von quarzigem Kies, Farngewächsen, Blumen, bemalten Steinen, einer kleinen Kiefer, einem lichten Augenblick, und direkt gegenüber an der Friedhofsmauer eine Tafel mit der Aufschrift: Památce Dr. Maxe Broda, pražského rodáka, spisovatele a myslitele … So fern war die Gegenwart, daß ich Brod wirklich dort stehen sah, seine gebückte Gestalt, den Kopf gegen die Mauer gedrückt, als ob er hinauslauschen wollte. Dann verwandelten sich seine Umrisse in den Schatten eines Baumstammes zurück, der sich in der Mittagssonne unversehens zu einer Hand verlängerte, die aus einer raschelnden Tüte Äpfel und Brote zog.

Eine Stunde später war ich den beiden Männern noch immer auf den Fersen. Als sie von der Brücke des 1. Mai zur Schützeninsel hinunterstiegen, stand die Sonne so stechend am Himmel, daß die Moldau wie ein gleißender Spiegel blendete. Kein Dampfer, kein Ruderboot war in diesem Flimmern zu sehen, erst im Schatten unter den Kastanien festigten sich die Umrisse des Theaterjahrmarkts, der hier aufgebaut war. In meinen Augen zitterten die Sonnenreflexe nach und sprangen wie Scheinwerfer über das Gelände. Da standen drei Musikanten, Rücken an Rücken, zehn Schauspieler verwandelten sich in gakkernde Hühner, Kinder kletterten auf buntlackierte Stühle, Bratwürste verschwanden in glänzenden Gesichtern, und Stimmen und Klänge bildeten ein akustisches Netz, das sich über den

ku, teprve ve stínu pod kaštany se zvýraznily obrysy jarmarečního divadla, které tu bylo zbudováno. V očích se mi třepotaly odrazy slunce a jako reflektory přebíhaly po okolí. Zády k sobě tady stáli tři muzikanti, desítka herců se proměnila v kdákající drůbež, děti šplhaly po pestrobarevných židličkách, klobásky mizely v lesknoucích se ústech a hlasy i zvuky vytvářely akustickou síť, jež se s bzukotem stahovala nad odpadkovými koši. Vos si nikdo nevšímal, dvě černě našminkované dámy vyhrávaly na saxofon, loutkář se vybavoval se svými loutkami, sám obří marioneta, a nad ním na okamžik zjevně držel v rukou nitky odpoledne anděl.

Pak sluneční třpytky pohasly, chvění se uklidnilo a stoly se náhle uprázdnily, boudy uzamkly a scéna osiřela. Děti nemávaly, herci nehalekali, dnes se nehraje, hlásala cedulka. Myšlenky natropily takový hluk, že jsem až teď postřehl, jak je mezi boudami ticho, cize a prázdno.

Oba muži se už dávno vydali na zpáteční cestu směrem na Staré Město. V kavárně Slavia se usadili u okna, odkud bylo vidět řeku i ostrov. Odpoledne náhle puklo a tato trhlina byla všude zřejmá: na mramorových deskách stolků, talířích a šálcích, v lidských tvářích, ba i v hovorech. Vedle si povídaly dvě staré dámy s nažluto obarvenými vlasy a velkými pánskými hodinkami, u dalšího stolku diskutovali čtyři Palestinci, blondýnka v rohu si do deníčku poznamenávala svá tajemství. Většina stolků byla volná, číšníci a servírky civěli ospale před sebe, jen s obtížemi se mi podařilo objednat kávu a minerálku.

Kolem půl šesté kleslo slunce tak nízko,

Abfalleimern sirrend zusammenzog. Aber niemand beachtete die Wespen. Zwei schwarz-geschminkte Damen spielten Saxophon, ein Marionettenspieler unterhielt sich mit seinen Puppen, er selbst eine riesige Marionette, über ihm ein Engel, der die Fäden des Nachmittags einen winzigen Augenblick lang sichtbar in den Händen hielt.

Da hatte sich das Sonnenglitzern beruhigt, das Zittern gelegt, und auf einmal waren die Tische leer, die Buden geschlossen, die Bühnen verwaist. Kein Kind winkte, kein Schauspieler krähte, der Theaterjahrmarkt — verkündete ein Schild — ist heute geschlossen. So laut waren die Gedanken, daß ich erst jetzt merkte, wie still es zwischen den Buden war, wie abweisend und leer.

Die beiden Männer hatten längst kehrtgemacht und gingen zur Altstadt zurück. Im Café Slavia setzten sie sich an einen Fenstertisch, von dem sie Fluß und Insel sehen konnten. Der Nachmittag hatte plötzlich einen Sprung bekommen, und dieser Sprung war überall zu sehen: auf den Marmorplatten der Tische, auf Tellern und Tassen, in den Gesichtern der Menschen, selbst in ihren Gesprächen. Neben ihnen unterhielten sich zwei alte Damen mit gelbgefärbten Haaren und großen Männerarmbanduhren, am nächsten Tisch diskutierten vier Palästinenser, in einer Ecke notierte ein blondes Mädchen Geheimnisse in sein Tagebuch. Die meisten Tische waren leer, Kellner und Kellnerinnen starrten schläfrig vor sich hin, nur mit Mühe konnte ich einen Kaffee und ein Glas Mineralwasser bestellen.

Gegen halb sechs stand die Sonne so tief, daß Laurenziberg und „Eiffelturm" wie že Petřín s „Eiffelovkou" se zdvihal nad Vltavou jako vystřižený z papíru. Oba muži na ni oknem s údivem zírali, dodatečně zmateni třemi pány, kteří hřmotně usedli vedle nich.

Pokládal jsem jí listy na tělo, vyprávěl jeden, a ona při každém doteku zezelenala víc a víc a potom — to konečně vidíte sami — úplně zprůhledněla.
A pak?
Pak už nic. To je to celé tajemství.
A to vám mám věřit?
Milý příteli, mohl bych vyprávět ještě docela jiné příběhy, o císaři, co si uprostřed Prahy nechal upéct velblouda, o generálovi, kterému strhli s prsou všechny řády, o muži, který po celé dlouhé noci …
Nechcete raději vyslechnout jeden příběh ode mne?
Od vás? Ne.
Snad bych se měl nejdříve představit?
Jmenuji se …
V žádném případě!
… Mikuláš …
Řekl jsem ne!
… hrabě Belecredos!
Pane Alois! Hrabě kývl na vrchního: Tři becherovky! Ne, přineste čtyři, náš mlčenlivý přítel pije vždycky dvě, nemám pravdu?
Třetímu pánovi sklouzly zraky tak hluboko, že zajiskřily nad kníry jako nosní dírky.

Nesníte náhodou s otevřenýma očima, ctěný příteli?
Vidím za vámi, milý hrabě, zelenou průhlednou ženu, to je to mé snění za bílého dne.
Ale ta přece neexistuje, leda ve vaší hlavě!
Však já své myšlenky také nevydávám za pravdu o tom, co si myslím, je to pravda o mém způsobu myšlení, milý hrabě.

Scherenschnitte über der Moldau klebten. Die beiden Männer starrten verwundert durch das Fenster, zusätzlich irritiert von drei Herren, die geräuschvoll neben ihnen Platz nahmen.

Ich habe ihr Blätter auf den Körper gelegt, erzählte der eine, und je mehr davon mit ihrer Haut in Berührung kamen, desto grüner wurde sie, und schließlich — Sie sehen es ja selbst — ist sie durchsichtig geworden.
Und dann?
Nichts. Das ist das ganze Geheimnis.
Das soll ich Ihnen glauben?
Mein lieber Freund, ich könnte noch ganz andere Geschichten erzählen, von einem Kaiser, der sich mitten in Prag ein Kamel braten ließ, von einem General, dem alle Orden von der Brust gerissen wurden, von einem Mann, der nächtelang …
Wollen Sie nicht lieber eine Geschichte von mir hören?
Von Ihnen? Nein.
Vielleicht sollte ich mich erst einmal vorstellen? Mein Name ist …
Auf gar keinen Fall!
… Nikolaus …
Ich sagte nein!
… Graf Belecredos!
Herr Alois! Der Graf winkte dem Ober: Drei Becherbitter! Oder nein, bringen Sie vier, unser schweigsamer Freund trinkt immer zwei, nicht wahr?
Dem dritten Herrn rutschten die Augen so weit nach unten, daß sie wie Nasenlöcher über dem Schnauzbart funkelten.
Sie haben wohl wieder Tagträume, verehrter Freund?
Ich sehe eine grüne, durchsichtige Frau hinter Ihnen, lieber Graf, das sind meine Tagträume.
Aber sie existiert doch gar nicht, sie lebt nur in Ihren Gedanken!

Věru filozofické, posmíval se první pán, jenže tu jde o plagiát, můj milý, vy citujete sám sebe.
To souhlasí. Ale odkud to víte?
Přece jsem už říkal …
Správně, vždyť vy jste …!

V tuto chvíli postavil číšník na stolek čtyři becherovky. Návštěvníci hřbitova byli dosud bez sebe. To přece není možné, aby tu všichni tak pohromadě seděli, zašeptal jeden. Druhý zíral na obraz vousatého muže ve smokingu, s hlavou v dlaních, na stolku stříbrný tác se sklenkou vody, vedle odložené noviny a k tomu jako závan nebo otisk snu: nahé, zelené, průsvitné ženské tělo …

Venku se už dávno počalo smrákat. Policista ze své budky řídil dopravu, auta a pěší přecházeli přes křižovatku, policejní siréna zavyla. Oba muži zaplatili a odešli. Celý sen jsem je sledoval, nestalo se nic, událo se vše. Ale postřehl jsem vůbec něco? Opustil jsem kavárnu a přes most došel ke stanici petřínské lanovky. V soumraku se proti mně valily vozy napěchované policisty, které směřovaly do města a dlouhé minuty projížděly kolem, aniž se cokoli jiného hnulo kromě této stínové kolony.

Až když jsem vyjel nahoru a lampy dole se zamihotaly jako světlušky, nabylo město znovu své třpytně snové podoby. Mohl Filip skutečně sedět ve Slávii, ve své kavárně? Vyloučeno, řekl jsem si a bezděčně pomyslil na andulku, která dnes dopoledne přelétla kolem.

Přeložila Michaela Jacobsenová

163

Meine Gedanken gebe ich auch nicht als Wahrheit über das Gedachte aus, es ist die Wahrheit über meine Denkweise, verehrter Graf.

Wie philosophisch, spottete der erste Herr, nur handelt es sich hier um ein Plagiat, Sie zitieren sich selbst, mein Lieber.

Stimmt. Aber woher wissen Sie das?

Ich sagte doch schon …

Richtig, Sie haben ja …

In diesem Augenblick stellte der Kellner vier Becherbitter auf den Tisch. Die Friedhofsbesucher konnten sich immer noch nicht fassen. Das gibt es doch gar nicht, daß die hier so zusammensitzen, flüsterte der eine. Der andere starrte auf das Bild, das den bärtigen Grafen im Smoking zeigte, den Kopf auf die Hände gestützt, auf dem Tisch ein silbernes Tablett mit einem Glas Wasser, daneben eine weggelegte Zeitung, und schließlich wie hingehaucht oder von einem Traumbild abgezogen: der nackte, grüne, durchsichtige Körper einer Frau …

Draußen hatte es längst zu dämmern begonnen. Der Polizist in seinem Häuschen dirigierte den Verkehr, Autos und Fußgänger überquerten die Kreuzung, eine Polizeisirene heulte auf. Die beiden Männer zahlten und gingen. Einen Tag lang hatte ich sie verfolgt, nichts war passiert, alles hatte sich ereignet. Aber hatte ich irgend etwas bemerkt? Ich verließ das Café und ging über die Brücke zur Talstation der Laurenzibergbahn. Im dämmrigen Licht fuhren Mannschaftswagen der Polizei auf mich zu, die von irgendwoher in die Stadt kamen und minutenlang vorüberrollten, ohne daß sich irgend etwas anderes regte oder zeigte, nur das Vorüberziehen dieser Schattenkolonne.

Erst als ich den Berg hinauffuhr und die Lampen unter mir wie Glühwürmchen schimmerten, verwandelte sich die Stadt in ihr glitzerndes Traumbild zurück. Ob Filip wirklich im Slavia gesessen haben könnte, in seinem Café? Nein, unmöglich, sagte ich mir, und mußte unwillkürlich an den Wellensittich denken, der an diesem Vormittag vorbeigeflogen war.

Anschriften/Adresy

Die Adressen sind 1. nach Ländern,
2. nach Orten gegliedert.

1. Name/Bezeichnung
2. Präsident/Vorsitzender
3. Geschäftsführer/Ansprechpartner
4. Straße
5. Ort
6. Telefon
7. Fax

Die Vorwahlnummer von der BRD
in die ČSFR lautet: 0042 -
die Vorwahlnummer von der ČSFR
in die BRD lautet: 0049 -

Adresy jsou seřazeny 1. podle zemí,
2. podle míst

1. Jméno/označení
2. Prezident/předseda
3. Jednatel/mluvčí
4. Ulice
5. Místo
6. Telefon
7. Fax

Předvolba SRN v ČSFR je: 0042 -
Předvolba ČSFR v SRN je: 0049 -

Bundesrepublik Deutschland
Spolková republika Německo

Augsburg

Bukowina-Institut
Prof. Dr. Johannes Hampel
Dr. Ortfried Kotzian
Alter Postweg 97a
8900 Augsburg
821-577067

Bayreuth

Forschungsinstitut für Musiktheater
Prof. Dr. Sieghart Döhring
Christiane Zentgraf
Universität Bayreuth
8656 Schloß Thurnau
9228-669

Berlin

Gesandtschaft der ČSFR
Dr. František Černy
Otto-Grotewohl-Straße 21
O-1080 Berlin
30-2200481
30-2294033

**Kultur- und Informationszentrum der
ČSFR**
Jiří Forejt
Dipl.-Ing. Vera Ivanovicova
Leipziger Straße 60
O-1080 Berlin
30-2082592
30-2004415

Literarisches Colloquium Berlin
Prof. Dr. Walter Höllerer
Thomas Geiger
Am Sandwerder 5
1000 Berlin 39
30-816006-0
30-2294033

Bochum

Museum Bochum
Dr. Peter Spielmann
Kortumstraße 147
4630 Bochum 1
234-9102233
234-9102071

Bonn

Botschaft der ČSFR
Dr. Jiří Gruša
Dipl.-Ing. Jan Hon
Ferdinandstraße 27
5300 Bonn 1
228-9197-0
228-9197281

**Deutscher Akademischer Austauschdienst
(DAAD)**
Prof. Dr. Theodor Berchem
Hans Golombek
Kennedyallee 50
5300 Bonn 2
228-882-0
228-882-444

**Kulturstiftung der
deutschen Vertriebenen**
Odo Ratza
Bonner Talweg 68
5300 Bonn 1
228-91512-0
228-218397

Ostdeutscher Kulturrat
Prof. Dr. J. J. Menzel
Hans-Günther Parplies
Kaiserstraße 113
5300 Bonn
228-213766
228-215518

Cham

Landratsamt Cham
Günther Bauernfeind
Rachelstraße 6
8490 Cham
9971-78338

Chemnitz/Saská Kamanice

Amt für Kultur und Denkmalschutz
Hans-Achim Ulig
Dresdner Straße 54
O-9072 Chemnitz
371-4950

Dresden/Drážďany

Stadtkabinett für Kulturarbeit
Werner Ehrlich
Tiergartenstraße 82
O-8020 Dresden
351-2381024

Düsseldorf

Haus des Deutschen Ostens
Konrad Grundmann
Dr. Walter Engel
Bismarckstraße 90
4000 Düsseldorf 1
211-350523

Ellwangen

Schloßtheater
Dušan Robert Pařízek
7090 Ellwangen
7961-6211
7961-6211

Esslingen

Künstlergilde Esslingen
Albrecht Baehr
Samuel Beer
Hafenmarkt 2
7300 Esslingen
711-359129
711-39690123

Falkenberg

Forum Falkenberg
Stefan Graf von der Schulenburg
Reinhard Bauernfeind
Burg 1
8591 Falkenberg
9637-529

Furth im Wald

Kulturamt
Bürgermeister Reinhold Macho
Herr Thurner
Burgstraße 1
8492 Furth im Wald
9973-5090
9973-50950

Köln/Kolín nad Rýnem

**Deutsch-Tschechoslowakische Gesell-
schaft**
Dr. Wolfgang Roth
Barbarossaplatz 2
5100 Köln 1
221-239801
221-214486

Verein „Festival Mitte Europas"
Thomas M. Thomaschke
Fliederweg 108
5000 Köln 40
221-5003222
221-5003222

Leipzig/Lipsko

Kulturamt
Frau Ullmann
Katharinenstraße 11
O-7022 Leipzig
341-7910

Marktredwitz

Egerland-Kulturhaus
Erich Fischer
Fikentscher Straße 24
8590 Marktredwitz
9231-3901

Egerlandmuseum
Seff Heil
Elisabeth Fendl
Fikentscher Straße 24
8590 Marktredwitz
9231-3907

Mißlareuth

**Verein „Mißlareuth 1990.
Mitte Europa"**
Thomas M. Thomaschke
Ivana Thomaschke
O-9901 Mißlareuth 15
221-5003222

München/Mnichov

Ackermann-Gemeinde
Herbert Werner MdB
Franz Olbert
Heßstraße 26
8000 München 34
89-2721498
89-2716475

Adalbert Stifter Verein
Prof. Otto Herbert Hajek
Dr. Peter Becher
Hochstraße 8
8000 München 80
89-4489807
89-4891148

Bayern liest e.V.
Dr. K. G. Saur
Renata Sako
Rosenheimer Straße 5
8000 München 80
89-48098-382
89-48098-386

Collegium Carolinum
Prof. Dr. Ferdinand Seibt
Dr. Peter Heumos
Hochstraße 8
8000 München 80
89-4488393
89-486196

Haus des Deutschens Ostens
Dr. Sieghard Rost
Dr. Horst Kühnel
Am Lilienberg 5
8000 München 80
89-482063
89-486789

Künstlerwerkstatt
Dr. Michael Meurer
Ingo Glass
Lothringerstraße 13
8000 München 80
89-4486961

Kulturreferat München
Dr. Siegfried Hummel
Dr. Reinhard G. Wittmann
Rindermarkt 3-4
8000 München 2
89-233-8718
89-233-8622

**Radio Free Europe
Radio Liberty Inc.**
CS-desk: Pavel Pecháček
Oettingerstraße 67
8000 München 22
89-2102330
89-21022126

Seliger-Gemeinde
Volkmar Gabert
Landwehrstraße 37
8000 München 2
89-597930
89-5232549

Sudetendeutsche Landsmannschaft
Franz Neubauer
Dr. Martin Posselt
Hochstraße 8
8000 München 80
89-48000317
89-48000344

Sudetendeutscher Heimatpfleger
Walli Richter
Hochstraße 8
8000 München 80
89-48000355
89-48000344

Sudetendeutsches Archiv
Jörg Kudlich
Prof. Dr. Monika Glettler
Hochstraße 8
8000 München 80
89-48000330
89-48000338

Tschechische katholische Seelsorge
Klenzestraße 66
8000 München 5
89-2016793

Neukirchen

Wallfahrtmuseum Neukirchen
b. Hl. Blut
Günther Bauernfeind MA
Marktplatz 10
8497 Neukirchen
9947-2421

Passau/Pasov

Böhmerwaldmuseum
Manfred Pranghofer
im Museum Oberhaus
8390 Passau
851-396352
851-49786

Kulturamt Passau
Oberbürgermeister Willi Schmöller
Hr. Wachtveitl
Rathausplatz 2
8390 Passau
851-396-460
851-36244

Scharfrichterhaus Passau
Edgar Liegl/Walter Landshuter
Milchgasse 2
8390 Passau
851-35900
851-2635

Regensburg/Řezno

Kulturdezernat
Haidplatz 8
8400 Regensburg
941-5072004

Kultur- und Fremdenverkehrsamt
Peter Hofmarksrichter
Haidplatz 8
8400 Regensburg
941-5072410

Museen der Stadt Regensburg
Dr. Martin Angerer
Dachauplatz 2-4
8400 Regensburg
941-5073440

Museum Ostdeutsche Galerie
Dr. Lutz Tittel
Dieter Heyer
Dr.-Johann-Maier-Straße 5
8400 Regensburg
941-22031
941-29129

Musikarchiv der Künstlergilde
Thomas Stolle
Silberne-Kranz-Gasse 8
8400 Regensburg
941-57216

Städtische Sing- und Musikschule
Richard Wiedemann
Kreuzgasse 5
8400 Regensburg
941-507-2901

Sudetendeutsches Musikinstitut
Widmar Hader
Von-der-Tann-Straße 13
8400 Regensburg
941-58915
941-53736

Selb

Kulturamt
Werner Schürer
Hans-Joachim Goller
Postfach 1580
8672 Selb
9287-883119
9287-883190

Stuttgart

Arbeitskreis Egerländer Kulturschaffender
Albert Reich
Robert-Leicht-Straße 1
7000 Stuttgart 80
711-9434334

Deutscher Böhmerwaldbund
Ingo Hans
Schloßstraße 92
7000 Stuttgart
Haufstraße 4
7447 Eichtal-Grötzingen
7127-56133

Sulzbach-Rosenberg

Literaturarchiv
Prof. Dr. Bernhard Gajek
Dr. Barbara Baumann-Eisenack
Bühlgasse 5
8458 Sulzbach-Rosenberg
9661-510111

Bund der Egerländer Gmoin
Seff Heil
Seidelstraße 7a
9661-3292
9661-53792

Walderbach

Kreismuseum
Landrat Ernst Girmindl
Bärbel Kleindorfer-Marx MA
Kirchstraße 5
8411 Walderbach
9971-78289

Weiden

Kultur- und Fremdenverkehrsamt
Bernhard M. Baron
Altes Rathaus
Oberer Markt 1
8480 Weiden
961-81411-2
961-81180

Wuppertal

**Forschungsstelle für
Prager deutsche Literatur**
Universität Wuppertal
Prof. Dr. Jürgen Born
Gaußstraße 20
5600 Wuppertal 1
202-439-2373

Zittau

Stadtverwaltung
Herr Schönrock
Markt 1
O-8800 Zittau
3583-8161

Zwickau/Cvikava

Kulturamt der Stadt Zwickau
Frau Keller
Ethel-und-Julius-Rosenberg-Straße 8
O-9550 Zwickau
375-830

Zwiesel

Stadt Zwiesel
Bürgermeister Alois Feitz
Ernst Kamm
Stadtplatz 27
8372 Zwiesel
9922-96-0

Kurverwaltung Zwiesel
Ernst Schneider
Emil Kronschnabl
Stadtplatz 27
8372 Zwiesel
9922-1308

**Česká a Slovenská Federativní Republika
Tschechische und Slowakische
Föderative Republik**

Brno/Brünn

Deutscher Kulturverband
Dipl.-Ing. Paul Ehrenberger
Dora Müller
Uvoz 56
602 00 Brno
5-23558

**Úřad města Brna
kulturní odbor**
Dominikánské nám. 2
602 67 Brno
5-2196/22137
5-23420

České Budějovice/Budweis

Úřad města České Budějovice
kulturní odbor
Lidická 2
370 01 České Budějovice
38-813
38-38462

Český Krumlov/Krumau

Městský úřad Český Krumlov
kulturní odbor
Nám. svornosti 1
381 01 Český Krumlov
337-3711
337-4902

Služby turistům
Informationsbüro
Jarka Brožková
Zámek 57
381 01 Český Krumlov
337-4605
337-4605

Společnost Adalberta Stiftera
Prof. Hugo Rokyta
Dr. Jan Müller
Zámek 59
381 01 Český Krumlov
337-4605

Cheb/Eger

Městský úřad Cheb
kulturní odbor
Nám. krále Jiřího
350 20 Cheb
166-22471
166-22585

Okresní archiv
Dr. Jaromír Boháč
Nám. u Františkánů 14
350 11 Cheb
166-22557

Chomutov/Komotau

Městský úřad Chomutov
kulturní odbor
Zborovská 4602
430 01 Chomutov
396-2131
396-6438

Františkovy Lázně/Franzensbad

Městský úřad Františkovy Lázně
kulturní odbor
Nádražní 5
351 01 Františkovy Lázně
166-942288/80/87

Hradec Králové/Königgrätz

Uřad města Hradce Králové
kulturní odbor
Ulrichovo nám. 810
502 10 Hradec Králové
49-22211/26301
49-25579

Jablonec n. N. / Gablonz

Kulturní a spol. středisko (KaSS)
Kultur- und Gesellschaftszentrum
Eva Vlčková, ředitelka KaSS
Jitka Lavická
Jiráskova ul. 9
466 01 Jablonec
428-23797

Karlovy Vary/Karlsbad

Galerie umění
Miroslav Lepší
Goethova stezka 6
360 01 Karlovy Vary
17-24387

Karlovarské Muzeum
M. A. Květoslav Kroča
Dr. Stanislav Burachovič
Zámecký vrch 22
360 01 Karlovy Vary
17-24433

Městské kulturní středisko
Alois Ježek
I. P. Pavlova 14
360 01 Karlovy Vary
17-23310

Klatovy/Klattau

Městské kulturní středisko
Ludmila Běloušková
Denisova 106/I
339 11 Klatovy
186-3050

Liberec/Reichenberg

EURO-DIALOG
Doz. PhDr. Milan Žemlička
Pedagogická fakulta VŠST
Sokolská 8
460 00 Liberec 1
48-23553

Úřad města Liberec
kulturní odbor
Nám. dr. Edvarda Beneše 8
460 01 Liberec 1
48-328
48-25724

Mariánské Lázně/Marienbad

Městský uřad Mariánské Lázně
kulturní odbor
Ruská 155
353 01 Mariánské Lázně
165-3181
165-3186

Most/Brüx

Městský uřad Most
kulturní odbor
Třída budovatelů 1
434 01 Most
35-3541

MU
MA František Bína
Budovatelů 1/2
434 01 Most
35-7871
35-2093

Olomouc/Olmütz

Uřad města Olomouce
kulturní odbor
Horní nám.
772 00 Olomouc
68-213
68-25578

Opava/Troppau

kulturní odbor
Horní nám. 69
746 26 Opava
653-215860
653-212940

Ostrava/Ostrau

Úřad města Ostravy
kulturní odbor
Prokešovo nám. 8
729 39 Ostrava
69-216216
69-223169

Plzeň/Pilsen

Divadlo Josefa Kajetána Tyla
Mojmír Weimann
Ing. Jiří Třesohlavý
Prokopova 14
304 11 Plzeň
19-35982

Úřad města Plzně
kulturní odbor
Nám. republiky 1
306 32 Plzeň
19-2163
19-227875

X Centrum Plzeň
Jana Zemanová
Helena Fenclová
Náměstí republiky 5
301 12 Plzeň
19-37582

Západočeské hudební centrum
Westböhmisches Musikzentrum
Eduard Spáčil
Dr. Karel Pexidr
V Šipce 9
301 37 Plzeň

Praha/Prag

Botschaft der Bundesrepublik Deutschland
Velvyslanectvi Spolkové republiky
Německo
Dr. Rolf Hofstetter
Michaela Küchler
Vlašská 19
125 60 Praha 1
2-532351-56
2-531231

České Centrum PEN Klubu
Ivan Klima
Hanuš Karlach
Valdstejnské nám. 4
118 00 Praha 1
2-5122509
2-533552

Evropská akademie pro hudební divadlo
Europäische Musiktheaterakademie
PhDr. Jarmila Brozovská
Národní tř. 3
110 00 Praha 1
2-2144688
2-202914

Friedrich-Ebert-Stiftung
Nadace Friedricha Eberta
Alexander Kallweit
Lazarská 3
110 00 Praha 1
2-203591
2-201433

Goethe-Institut
Dr. Jochen Bloss
Masarykovo nábř. 32
111 21 Praha 1
2-299551-4
2-299421

Hanns-Seidl-Stiftung
Nadace Hannse Seidla
Dr. Erhard Zurawka
Masarykovo nábř. 30
110 00 Praha 1
2-201236
2-205915

Heinrich-Böll-Stiftung
Nadace Heinricha Bölla
Milan Horáček
Sokolská 62
Praha 2
2-262084
2-2360624

Konrad-Adenauer-Stiftung
Nadace Konráda Adenauera
Franz-Josef Reuter
Italská 24
120 00 Praha 2
2-258986
2-258188

Magistrátní uřad hl. m. Prahy
kulturní odbor
Mariánské nám. 2
110 00 Praha 1
2-283248/2832182
2-232182

Nadace Bernarda Bolzana
Dr. Jaroslav Šabata
Dr. Petr Prouza
Na Florenci 19
112 86 Praha 1
2-227165
2-227165

Prager Wochenblatt
Felix Seebauer
Pařižská 11
110 00 Praha 1
2-2312392

Prager Zeitung
Uwe Müller
Na Florenci 19
112 86 Praha 1
2-2323451
2-227165

Pražská informační služba
Prager Informationsdienst
Ing. Václav Novotný
PhDr. Jiřina Chrastilová
Betlémské nám. 2
110 00 Praha 1
2-267453-4

Teplice/Teplitz

Městský uřad Teplice
kulturní odbor
Nám. svobody 2
415 95 Teplice
17-3154
17-29866

Trutnov/Trautenau

Městský úřad Trutnov
kulturní odbor
Horská ul. 5/19
541 01 Trutnov
439-4251

Ústí nad Labem/Aussig

Albis — kulturní středisko
Albis — Kulturzentrum
Jindřich Šrejber
Hrbovická 182
400 21 Ústí nad Labem
47-26135

NACHWORT   DOSLOV

Nicht alle Aktivitäten sind uns bekannt geworden, nicht alle Veranstalter haben auf unsere Anfragen reagiert. Trotzdem hoffen wir, einen Eindruck von den vielfältigen Aktivitäten des deutsch-tschechischen Kulturaustausches in den ersten beiden Jahren nach der „sanften" Revolution vermitteln zu können. Korrekturen und Ergänzungen nehmen wir gerne auf. Wir danken allen, die uns bei der Zusammenstellung des Almanachs geholfen haben, insbesondere Alena Gomoll, Franz Peter Künzel und Yvette Szabo.

Nevíme o veškerých aktivitách, ne všichni pořadatelé reagovali na naše dotazy. Přesto však věříme, že se nám podařilo zprostředkovat alespoň letmý pohled na rozmanité aktivity německo české kulturní výměny po „něžné" revoluci. Za korektury a doplňky budeme vděčni. Děkujeme všem, kteří nám při sestavení tohoto almanachu pomáhali, především Aleně Gomollové, Franzi Petru Künzelovi a Yvettě Szabové.

München,
im Herbst 1992   Die Herausgeber

Mnichov,
podzim 1992   Vydavatelé

FOTONACHWEIS   FOTOGRAFIE

Adalbert Stifter Institut, Linz (33)
Adalbert Stifter Verein, München
   (41, 63, 73, 87, 95, 104, 109, 117,
   125, 133, 139, 147, 159)
Bernhard M. Baron (13)
Bayern liest grenzenlos e.V. (11)
Peter Becher (29, 39)
Sigrid Canz (43, 51, 81, 155)
Collegium Carolinum (15)

Festival Mitte Europas (35)
Ota Filip (9)
Goethe-Institut Prag (47)
Barbara König (17)
Werner Neumeister (Umschlag)
Ingrid Pavlova (19)
Werner Schloske (37)
Petr Vitoň (21)
Zucchi (31)

AUTOREN UND TEXTE

AUTOŘI A TEXTY

Otto Herbert Hajek
Geboren 1927. Bildhauer und Maler. 1. Vorsitzender des Adalbert Stifter Vereins.

Jaroslav Putík
Geboren 1923. Romancier, Dramatiker. „Der Trauerwalzer". Auszug aus dem Roman „Der Mann mit dem Rasiermesser": Prag 1991.

Barbara König
Geboren 1925. Freie Schriftstellerin. „Die verpaßte Chance". Gekürzt. Zuerst in: Marcel Reich-Ranicki (Hrsg.): „Meine Schulzeit im 3. Reich. Erinnerungen deutscher Schriftsteller". Köln 1988 (2. erw. Aufl.).

Josef Nesvadba
Geboren 1926. Erzähler, Dramatiker, Übersetzer. „Weißbrunnen in der Vergangenheit". Auszug aus dem Roman „Geheimbericht aus Prag": Prag 1991.

Jan Trefulka
Geboren 1929. Prosaist, Drehbuchautor, Kritiker. „Der Mann auf den Knien". Zuerst in „O čem bych psal, kdybych měl kam (Tak píšu Vám, pane Hrabal)". Edice Petlice. Praha 28.3.1974. Deutsche Ausgabe in Jiří Gruša/Ludvík Vaculík (Hrsg.): „Stunde namens Hoffnung. Almanach tschechischer Literatur 1968-1978". Frankfurt a. M. 1978.

Alexandr Kliment
Geboren 1929. Prosaist, Lyriker, Dramatiker. „Die Langeweile in Böhmen". Auszug aus dem gleichnamigen Roman. Tschechische Ausgabe: Toronto 1979. Deutsche Ausgabe: Luzern 1977

Ota Filip
Geboren 1930. Schriftsteller, Journalist. „Café Slavia". Auszug aus dem gleichnamigen Roman. Deutsche Ausgabe: Frankfurt a. M. 1985. Tschechische Ausgabe: Prag 1992.

Otto Herbert Hajek
Narozen 1927. Sochař a malíř. 1. předseda spolku Adalberta Stiftera.

Jaroslav Putík
Narozen 1923. Prozaik, dramatik. „Smuteční valčík". Úryvek z románu „Muž s břitvou". Praha 1991.

Barbara König
Narozena 1925. Spisovatelka. „Promeškaná šance". Poprvé v: Marcel Reich-Ranicki (vydavatel): „Má školní léta v 3. říši. Vzpomínky německých spisovatelů". Kolín n. R. 1988 (2. rozšířené vydání).

Josef Nesvadba
Narozen 1926. Prozaik, dramatik, překladatel. „Předminulé Vary". Úryvek z románu: „První zpráva z Prahy": Praha 1991.

Jan Trefulka
Narozen 1929. Prozaik, scénárista, kritik. „Muž na kolenou". Poprvé v: „O čem bych psal, kdybych měl kam (Tak píšu Vám, pane Hrabal)". Edice Petlice. Praha 28.3.1974. Německé vydání: Jiří Gruša/Ludvík Vaculík (vydavatelé): „Hodina jménem naděje. Almanach české literatury 1968-1978". Frankfurt a. M. 1978.

Alexandr Kliment
Narozen 1929. Prozaik, básník, dramatik. „Nuda v Čechach". Úryvek ze stejnojmenného románu. České vydání: Toronto 1979. Německé vydání: Luzern 1977.

Ota Filip
Narozen 1930. Spisovatel, žurnalista. „Kavárna Slavie". Úryvek ze stejnomenného románu. Německé vydání: Frankfurt a. M. 1985. České vydání: Praha 1992.

Rudolf Mayer-Freiwaldau
Geboren 1931. Lyriker, Maler, Sozialwissenschaftler. Gedichte. Originalbeiträge. Mittlerweile auch in Hrubý/Freiwaldau: „Brudersprache". München 1991.

Josef Hrubý
Geboren 1932. Lyriker. Übersetzer. Gedichte. Originalbeiträge. Mittlerweile auch in Hrubý/Freiwaldau: „Brudersprache".

Ivan Binar
Geboren 1942. Schriftsteller, Journalist. „Kunstkitterei". Auszug aus dem gleichnamigen Roman. Tschechische Ausgabe: München 1988. Deutsche Ausgabe: München 1993.

Ursula Haas
Geboren 1943. Freie Schriftstellerin. „Freispruch für Medea". Auszug aus dem gleichnamigen Roman: Wiesbaden/München 1987.

Gert Heidenreich
Geboren 1944. Schriftsteller, Essayist. „BELIAL oder Die Stille". Auszug aus dem gleichnamigen Roman. München 1990

Petr Prouza
Geboren 1944. Prosaist, Lyriker. Geschäftsführer der Bernard-Bolzano-Stiftung. „Hotel Karneval". Tschechische Ausgabe: Prag 1988.

Václav Dušek
Geboren 1944. Erzähler. Drehbuchautor. „Der gläserne Golem". Tschechische Ausgabe: Prag 1989.

Gerd Holzheimer
Geboren 1950. Schriftsteller, Lehrer. „Wo ein Wille ist, ist auch ein Weg". Gekürzt. Zuerst in: G. H.: „Sie haben etwas vergessen. Literarische Reportagen". München 1990.

Zdeněk Zapletal
Geboren 1951. Drehbuchautor. Prosaist. „Kobas Garage". Auszug aus dem gleichnamigen Roman: Kremsier 1992.

Peter Becher
Geboren 1952. Geschäftsführer des Adalbert Stifter Vereins. Originalbeitrag.

Die Herausgeber danken den Autoren für die Publikationsgenehmigung.

Rudolf Mayer-Freiwaldau
Narozen 1931. Básník, malíř, sociálvědec. Básně. Originální přispěvky. Mezitím také v: Hrubý/Freiwaldau: „Bratrská řeč". Mnichov 1991.

Josef Hrubý
Narozen 1932. Básník, překladatel. Básně. Originální přispěvky. Mezitím také v: Hrubý/Freiwaldau: „Bratrská řeč".

Ivan Binar
Narozen 1942. Spisovatel, žurnalista. „Kytovna umění". Úryvek ze stejnojmenného románu. České vydání: Mnichov 1988. Německé vydání: Mnichov 1993.

Ursula Haas
Narozen 1943. Spisovatelka. „Medea zproštěna viny". Úryvek ze stejnojmenného romanu: Wiesbaden/Mnichov 1987.

Gert Heidenreich
Narozen 1944. Spisovatel, esejista. „BELIAL aneb Ticho". Úryvek ze stejnomenného románu. Mnichov 1990.

Petr Prouza
Narozen 1944. Prozaik, básník, jednatel Nadace B. Bolzana. „Hotel Karneval". České vydání: Praha 1988.

Václav Dušek
Narozen 1944. Prozaik, scénárista. „Skleněný Golem". České vydání: Praha 1989.

Gerd Holzheimer
Narozen 1950. Spisovatel, učitel. „Kde je vůle, je i cesta". Zkráceno. Poprvé v: G. H.: „Něco jste zapomněli. Literární reportáže". Mnichov 1990.

Zdeněk Zapletal
Narozen 1951. Scénárista, prozaik. „Kobova garáž". Úryvek ze stejnojmenného románu. Kroměříž 1992.

Peter Becher
Narozen 1952. Jednatel spolku Adalberta Stiftera. Originální příspěvek.

Vydavatele děkují autorům za povolení k publikování.